ONLINE LEARNING

線上高效讀書法

提高孩子學習意願的活用術

前田大介・松永暢史──著

黃詩婷──譯

笛藤出版

學校關閉後線上化。
教育面臨極大變化。
線上教育正式啟用。
這個走向不會改變。

——松永暢史

前言

本書在「考試專家」松永暢史先生的協助下，向大家介紹「全面活用線上學習，無限提高孩子的學習意願，讓他們成為『頭腦好的孩子』；同時也是盡可能讓孩子不必去補習班就可以通過考試的方法」。

那麼，在進入正題之前，我想問大家一個問題。

假設你要在假日的時候和孩子一起登山。這座山有兩種路線，大家會選哪個行程呢？

A路線

岩石地表路線。從山腳下開始就是被岩石包圍、風景窮極無聊的山路。

和血氣方剛的教練一起登山。

完全不看周遭的風景，只努力朝山頂前進。

超快速&超無欲無求。

無論路途有多危險，都會使用各種技巧攀爬上去。

B路線

穿越森林的路線。景觀美麗、到八成高為止都是相當平緩的道路。
與當地導遊一起登山。
可以好好觀察森林中的動植物。
不過在看到山頂的時候就會出現岩石地表。
最後要爬上去雖然辛苦了點，但可以一口氣朝山頂前進。

好啦，大家覺得如何呢？
我絕對會毫不遲疑地選擇Ｂ路線。
我希望爬山的時候，能和孩子一起欣賞周遭風景。
和孩子去走Ａ路線那種行程，實在令人退避三舍。
為什麼我要提登山？
請把登山換成升學考試來思考一下。
我認為考試也應該要像Ｂ路線那樣，快快樂樂地前進，然後登頂。
一味喊著「看前面！快走！山頂就快到了！」這樣心無旁騖衝刺的時間，還是能短就短吧。

因為孩子好不容易爬到山頂以後，很快就要面臨下一座高山——大學入學考試。就算周遭的人努力為孩子加油打氣說：「接下來要爬更高的山囉！」孩子們也可能氣力全失地想著：「什麼啊！我還以為終於結束了呢……」

小學也是人生當中相當寶貴的一段時間。希望大家能夠尊重孩子們想著「我想做那件事情！」的心情。

如果為了升上好一點的國中，二話不說就將孩子送去補習班，硬是逼孩子做那些練習題等，對於孩子來說就變成下課後也「必須」每天念好幾小時的書。

這樣就好像即使下課了，也還是得要「加課」。

為了「未來」這種理由而勉強孩子念書，也無法得到好的結果。

必須孩子自己想要用功然後去考試，才會有效果。

如此一來升學以後，他在下一個階段的學校也能夠順利發展。

我會這樣說，是因為我這一路以來的指導經驗當中，發現這樣的孩子，他們的能力和學力發展之順利實在多如過江之鯽。

在此簡單做個自我介紹，我對松永暢史先生的教育方法相當有共鳴，因此自己前去拜入門下、與他一起工作。我的工作有一半是家庭教師，另一半則是和學生們上街做田野工作、或者到山上點燃營火。只要我覺得「我的學生們需要這個」，那我必定不辭千里前去。另外，去年（二〇一九年）為了與搬家到遠方的學生保持聯繫，也展開了線上課程。

也就是我身為一名教師，只要認為「這是為了學生而必須做的！」就會毫不猶豫地採取行動。

雖然我想到就會馬上去做，但是在教導小學生的時候，總是會問自己一個問題：「我能不能讓他們非常開心與奮地學習呢？」

孩子其實是非常嚴格的，如果很無聊，那麼他們就完全不會想做、不會動起來。

我認為要讓沒有動力的孩子重新提起學習欲望，就是孩童教育當中最重要的一點。

不過，這本書中介紹給大家的線上學習，是能夠讓孩子自然想去做的學習方式。

教育當中最為困難的，就是相當自然地讓孩子湧出幹勁，而且同時要能夠持續下去的無敵學習方式，而這正是本書中介紹的線上學習法。

這是因為本學習法是一種在遊戲延長線上的學習方法。

孩子們會心癢難耐地想要自己去學習。因此，就算是還沒有要面臨考試的孩子，也可以讓他們嘗試看看。

就算是為了考試而用功，也可以在幾乎不去上補習班的情況下，用線上學習就完成課業。**而我認為這個學習方法，正是用來跨越往後新時代的學習方式主線。**

過往死背書的學習方式已經不能應用在現今的考試當中了。名列前茅的國中，在考試當中有越來越多思考型的題目。學生不需要再記那些不必要的事情，更重要的是對於眼前的問題產生好奇心、以及起身面對問題的力量。

線上學習的時候，要記憶的東西交給電腦就好，如此一來很自然就會脫離以前死背書的狀況。

辭典、地圖這些以前就存在的東西，全部都能裝在一台智慧型手機或者平板電腦當中。孩子只要用自己孩提時代與生俱來的求知好奇心去學習即可，因為這些東西就是這樣使用的。

如此方便的東西，怎能棄之於一旁而不顧？

在美國已經有小學達成相當完善的線上教育，採用影片授課不會浪費時間，在上課時也比較不容易造成孩子的壓力。

這幾乎讓人羨慕起「為什麼我們的時代沒有這種東西呢？」現在的孩子真的處於相當優渥的環境當中。孩子可以在遊戲的延長線上進行學習，就算在家裡也能夠掌握天下事。

如此一來，就能夠讓親子一同享樂、實際上是於線上學習，最後還能夠把自己所學內容應用在考試上。我希望能夠把這樣的學習方式帶給大家。

我打從心底希望大家能夠參考這本書介紹的學習方式，使用自己家裡的數位機器，讓更多孩子能夠快樂且無壓力的通過考試。

二〇二〇年十一月

前田大介

目錄

第四章　不去補習班就能準備五種考試科目的用功方法

一算數一

一國語一

一英文一

何謂線上學習

這是一種以網路來播放課業及教材的教育方式。線上學習家庭教師會在網路上與學生連繫，並進行授課。

本書當中也介紹了可以使用智慧型手機和平板電腦等數位機器的學習APP。

（例）影片授課、線上播放授課、數位教材、公開數位教材的網頁、或者是具有學習效果的網頁、使用影像通話的面對面授課、學習顧問、多人討論、專家及知識分子的線上沙龍、可以投稿作文的部落格服務等都屬於線上學習。

序章——線上學習正是時候！

由「聽課」到「自主學習」

線上學習取代補習班？

這本書的內容是線上學習，但目的並非在向大家介紹補習班的線上授課、或者空中大學那種使用平板電腦學習的教材。

真正的目的在於告訴大家，應該要如何活用網路，讓孩子能夠無比興奮開心地自己主動去學習。

想要不去補習班而以在家學習為主，線上學習就是不可或缺的工具。

二〇二〇年春天，為了對抗新冠肺炎，日本有段時間是全國臨時休課的。以此情況為契機，應該有很多人嘗試使用平板電腦版的通訊教育、APP、影像授課等線上學習吧。

但是，千萬不可以弄錯的一點，就是線上學習這種方法，並非單純代替補習班或空中大學。

這句話是什麼意思呢？讓我告訴大家一個高中生與線上課程的故事。

每到週末，我就會舉辦以國高中生為對象的自學自修讀書會。

有一天，一名想參加線上學習課程的高中生來了。

他說想用自己帶來的筆記型電腦「播放學校指定的影片課程」。

由於使用數位機器來進行學習，這件事情並沒有問題，所以我告訴他「好啊」。

然後我看著他上那個影片課的樣子。

他打開來播放了幾十秒以後，馬上就跳到最後幾十秒去。

二十分鐘的上課影片，他只用一分鐘左右就說「我看完了」。

於是他只花了幾分鐘，就這樣放完了好幾支課程影片。

他個人表示：「不用看已經理解內容的影片。」

其他學生雖然說「你這樣根本是作弊啊」，但其實他們好像也會這麼做。

沒有錯。

線上影片教學可以任意地翹課。

難得可以上課了，為什麼要翹掉呢？應該要好好聽課啊！

或許有人會這樣想吧。但我認為這不是件壞事。

甚至可以說，這當中就隱藏著此時應該要在家好好活用線上學習的提示。

線上學習原本就不需要照著課程規劃表去執行。因為這並非像補習班那樣面對面授課。

要在哪裡學習課程都隨心所欲，也不需要受到時間的限制。

這樣一想，如果打算採用線上學習，不就很容易敗在要跟誰學習這件事情上嗎？

如果沒有在學習之前先搞清楚「究竟想要學些什麼？」那麼就無法學到自己想要知道的事情了。

換句話說，首先孩子必須要有「我真的很想知道！」的心情。而能夠方便解決這個問題的工具，便是線上學習。

拋棄先入為主的學習觀念

一般提到念書，可能大家都會從好好聽課這方面做起吧。

比方說，向小學生說明他們尚未學習的漢字時，經常會聽他們說「還沒學到，不會啦！」

聽老師講過以後才開始做練習；沒有學到的部分就不做。

我們都被訓練成「念書就要從學習做起」。

「能夠依照老師指導來行動的孩子」會被學校視為優等生。

但是反過來看，依照指導來行動的孩子，大多沒有自己起身行動的力量。

＊在得到指示以前不會行動。
＊想不到現在應該要做什麼。
＊不會自己行動。

這樣的孩子，往後就算拚命念書，他的努力可能也不會得到回報。

只要能夠採用線上學習，就跟他的年紀毫無關係，可以持續學習下去。

POINT

線上學習的大前提是讓孩子有著「想學習」的意願

就算這麼說，或許還是有人感到非常困惑。

畢竟這與自己一路以來所受的教育方法並不相同。

線上學習並非單純讓孩子自己一個人學習，而是在家裡也能夠聽課。如果感到困難之處，也有人可以支援。

由於能夠自由學習，孩子們也可以有效率地使用放學後的時間。

以往只要在學校的課業結束以後要孩子繼續念書，他們可能都會煩躁地認為「還要念書？」但是，採用線上學習的話，就是他哪天覺得「我想做！」再開始就好。

盡可能減少無意義的時間，預備好最低限度的學習時間，孩子也就不會失去動力。只要有意願，就能夠持續為了考試而用功下去。

教育只是點燃火種

為孩子的心點火

學校畢竟有人才和費用上的問題，因此有很多事情做不來。如果要根據每個孩子的能力，為他們找來適當的老師，那麼有幾個孩子就需要幾名老師，這在費用上實在相當龐大。

正因如此，不就應該要由家庭來建立一個配合自己孩子的學習計畫嗎？不要和大家採用相同的課程、教材，而是為孩子提出適合他的指導方法、教材和課題。這讓我覺得，教育孩子就像是點燃火種一樣。

或許有人會說，我根本沒點過火呀！因此我簡單說明一下。

我經常在山裡點營火，我並不使用點火劑，而是由火種慢慢點火。其實想要趕快升起火而拿一塊大木頭往打火機靠過去，也不可能就順利點起火來。

要先用杉木的枯葉或者枯掉的野草點火，把這個東西當成火種，然後放上杉木皮、小樹枝……依序讓燃料越來越大才行。這個行為有它獨特的訣竅，因此剛開始我也無法順利完成。如果失去耐性而快快把大木材給堆了上去的話，火就會熄滅了。為了讓小火能夠逐漸成為大火，要一邊送風去幫忙大塊的薪柴燃燒起來才行。

如此一來，火就會驟然躍上大塊薪柴、霹靂啪啦地開始燒起來。之後就是慢慢添柴火，讓火能夠整晚穩定燃燒。

大家不覺得這個步驟正像是教育嗎？

火就是「孩子的學習意願」，而薪柴正是「教材等課題」。

就算是叫孩子念他不擅長的科目、或者一下子就把困難的教材塞給他，也不可能順利用功。應該配合孩子的能力，從比較簡單的課題開始做起。

即使孩子有點想念書了，也不能馬上就給他份量厚重的參考書對吧？這樣一來火會馬上熄滅的。

另外，還沒有玩夠的孩子，最好還是讓他好好玩耍一番。好好玩耍以後，過一陣子一定**會悄悄點起火來的。**

仔細觀察孩子的燃燒方式，要讓孩子自己覺得想做，在他心中那小小火焰穩定以前漫漫添柴、一邊送風那樣「升火」，讓每個孩子內在的火焰逐漸變大。我認為這就是教育。

要能燃起孩子因為自己想要學習而去用功的心情，需要的正是線上學習。

而且不是只對孩子說「來，你做做看這個！」就把教材交給他。要孩子自己去選擇教材。另外，也要他自己去找出想求教的老師。

學習需要這樣的行動力。

首先要自己去「調查、觀看、動手做」。

而這正是文部科學省所規範的「主動式學習」動態學習的方向，同時也是往後在考試中大獲全勝的祕訣。

POINT

今後獲得考試勝利的祕訣就是自己「調查、觀看、動手做」

為了養育出能跨越時代大浪的孩子

一般入學考試根本就不「一般」

由於AI等科技發達，社會上需要的人才也有所變化，這在幾年前就已經引發話題。

「機器人能做的事情，就不需要人類去做了。單純的記憶學習只要交給機器人，人類的工作是管理機器人和提出嶄新的創意。」這樣的風潮也影響了文部科學省和教育業界，因此考試系統也面臨了轉換時期。

各位知道日本私立大學中綜合大考、推薦入學的人數占全部私立大學入學人數大概多少比例嗎？

其實推薦入學占了整體入學人數的百分之五十以上。

比方說，早稻田大學就提出，他們認為推薦入學將來會提升到百分之六十。

雖然叫做一般入學試驗，但這十年來透過考試入學的人數已經低於一半，二〇一九年度只占整體私立大學入學者的四十五・六%。

也就是說，一般入學試驗根本就不一般。

國公立大學的入學考試今後也將把一般入學考試以外的選項提升到百分之三十[2]，如果在高中的時候只以一般入學考試作為目標，那麼風險會非常高。

這種考試方針轉換，代表什麼呢？

學校增加招收以推薦方式入學的孩子，就是顯示出他們比較想要能夠探究自己意欲何為的孩子的證據。

將來要準備考試，可不能只是單純念書而已。

必須有自己想做的事情、而且自己去探求才行。

1　引用文部科學省HP「國公立私立大學平成三十一年度實施狀況概要」。國公立一般入學試驗……十萬五二四七名，推薦入學……二萬三三四名，綜合大考入學……四九四三名，整體……十三萬一〇九六名，私立一般入學試驗……二十二萬一三九六名，推薦入學……二十萬六六七二名，綜合大考入學……五萬六一八四名，整體……四十八萬五五〇六名。

2　國公立大學的目標是將一般入學考試以外的選項比例提升到三〇%。比方說東大在二〇二〇年度就招募推薦入學學生一百名（而一般入學考試為二九六〇人）。

需要能夠在實際生活中應用的學力

考試系統的變化，是來自PISA[3]的結果和學習指導要領修訂。

PISA是OECD（經濟合作暨發展組織）每三年實施的國際學生能力評量調查，這個調查的目的在於「測量學生在實際生活的各式各樣場景中面臨課題時，能夠活用多少先前學習到的知識和技能」。

幾年前根據PISA的結果得知，在先進國家當中，日本的學力年年下降，因此在日本成為社會話題。

其實在二十一世紀以後，學習指導要領就修定為以PISA目的為重了。

學習指導要領當中提出學校教育應該要重視的學力要素三項如下。[4]

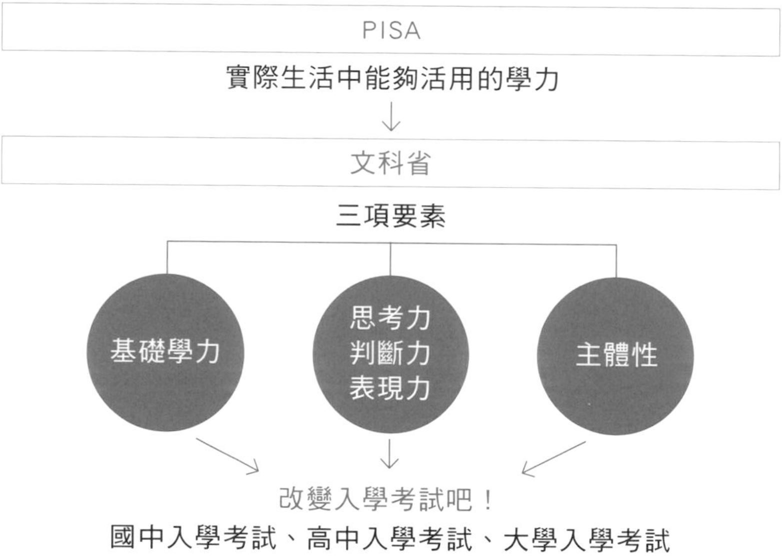

（1）學習基礎知識與技能。
（2）為了能夠活用那些知識技能來解決課題，培育出所需要的力量，也就是思考力、判斷力和表現力。
（3）培養出引進主體性學習的態度。

將這些套用在國中入學考試上，就表示學校幾乎不會出那些只能使用在國中入學考試中的知識作為題目。知識只需要「基礎性」的東西就夠了。

今後從國中入學考試到大學入學考試，都會因為PISA和學習指導要領的修訂等，而更加重視學生自己思考、發出訊息的力量吧。

3　PISA針對修畢義務教育階段（十五歲）之人進行的調查。區分為讀解能力、數學性辨識能力、科學性辨識能力三個領域（不同實施年份會設定一個主要領域來進行調查）。

4　學校教育法第三〇條第二項規範之學校教育應重視的三要素。「在前項場合中，為了培育學童能夠終生學習的基礎，除了使其習得基礎知識及技能以外，為了使其能夠活用知識技能解決課題，必須特別留意培育必須之思考力、判斷力及表現力；同時引進能夠培養主體性學習之態度。」

能夠象徵此考試系統轉換的便是東大的推薦入學。

＊為研究人類腦部學習語言的極限而針對四十種語言進行研究。

＊研究漢字並開發軟體。

＊自小學時代起便數度拜訪研究浮游生物的專家。

＊到國外旅行的時候親眼目睹貧困階級的現況，因此對於開發傳染病治療藥物產生興趣。

以上都是東大推薦入學合格的孩子們。

東京大學自二〇一六年起引進推薦入學方案，目前大約每年招募一百個名額，如果能夠持續做自己想要做的事情，就可以獲得推薦合格。

他們的共通點，就是眼前有件事情無法佯裝不知情而放下，因此很堅持要研究下去。

這並非一朝一夕能夠磨練出來的東西。

可以的話，必須要從孩子小時候就讓他養成習慣，只要他想做什麼事情都可以持續追究下去。

當然，先前自己記憶知識這個方法，也並非完全捨棄。但是國立大學當中頂尖的東京大學已經產生變化，那麼肯定會對其他大學也造成相當大的影響。同時那些以東京大學等名列前茅大學為目標的各高中名校、國高中直升學校等也都必須要隨之修改方針。

因此，如果只死背那些考國中的時候才會用上的知識，將來可是得不償失。

考量到這整體走向，即使國中入學的考試結束以後，讓孩子繼續用功念為了將來考試所需要的東西，不是比較能夠培育出以後考試也能合格的孩子嗎？

5 引用《你的東大：讓高中生、考生更了解東京大學的網站》「東大生訪問」。

所有事情都覺得積極而有趣

追求自己想做之事的孩子，會非常熱衷其中，讓人看了也不禁覺得「說不定他能用這個混口飯吃呢」。

如果孩子對於自己想做之事有著不斷探究內容的強烈好奇心，那麼他不僅僅對於自己喜歡的事情如此熱衷，也會關心其他各式各樣的事情、並且打算吸收那些知識。另外，由於不知道有什麼東西會和自己喜歡的那件事情扯上關係，因此對於所有事情都會非常積極、覺得很有趣。

這樣的孩子，其實根本不會對於念書這件事情感到「痛苦」，而應該會覺得這提升了自己的快樂。

所謂「追求想做之事」，並不是單純指做自己喜歡做的事情。

不可以那樣低頭猛衝。

畢竟衝刺一陣子以後會需要跨越自己不擅長的事情，也可能必須要面對先前一直別開眼睛逃避的狀況。

正因為能夠堅毅忍耐、面對這些事情，才有辦法持續追究下去。

也就是說，追求想做之事不過是個入口，接下來會努力將自己不擅長之事也納入學習範圍。

當然這件事情並不是被其他人強迫的，而是因為自己想做，所以才能夠面對。

如果能夠這樣不斷提升自己，那麼將來靠著自己喜歡做的事情在社會上立足並非難事。

POINT

讓孩子從小就「養成探究自己想做之事的習慣」

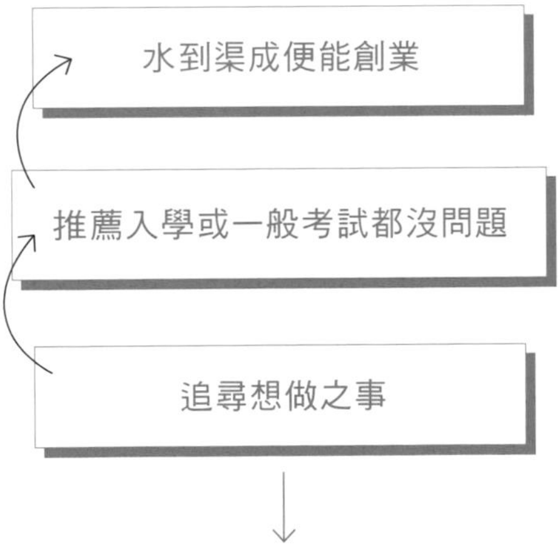
水到渠成便能創業
推薦入學或一般考試都沒問題
追尋想做之事

在小學生的時候該做什麼？

為了贏得國中入學考試的勝利，該做些什麼？

是否就算沒有相關知識也能解題，正是合格與否的分水嶺

那麼，國中入學考試的現況又是如何呢？

幾乎所有國中入學考試成績名列前茅的國中學校，都表示是否沒有相關知識也能解題，能夠辨別孩子有沒有辦法合格。

國中入學考試大致上區分為兩種。

一種是私立及國立學校入學考試。只要提到考試，大致上想到的都是這種。

另一種則是在十幾年前開始被稱為「適性檢查」的測驗。

目前在日本全國公立國高中直升校都有實施，私立中學也已經開始引進「適性檢查型入學考試」。這種測驗是將 PISA 列入考量以後製作題目，內容是小學課程範圍，問題的設定上主要是有思考能力便能夠解出答案。

適性檢查並不是只要學生寫出答案，需要的是有邏輯地記述流程的能力。

比方說算術題並非要求寫出解答，題目會要求學生以文章搭配計算式來說明為何會是那

樣的答案。另外，社會科則不要求死背年分，而是要講述「為何會發生那個事件」等時代背景。

這些是為了要清楚確認學生「針對為何會是這樣的解答，是否對其流程抱持一定興趣」，也就是內心是否有「探究之心的種子」。

適性檢查當中，並不需要記得一般私立國中入學考試所需要的那些知識。只要能夠當場理解題目紙上所寫的東西，那應該就可以解出答案。

當然也有像是麻布中學和澀谷教育學園幕張中學等學校，原先就將題庫集中在思考能力上，現在也有許多私立國中打算採取類似的方針。

實際上就算不是採用適性檢查，但相當不好考的私立國中一般入學考試，也出了很多不具備知識也能夠解出答案的題目，而是否有辦法在這種情況下解答題目，正決定了孩子會不會合格。

目前已經是這樣的狀況了，因此很可能以前那種準備國中入學考試的方法將不再通用。

也就是說，不管要考的是私立中學還是公立國高中直升學校，都必須要具備閱讀文章以後，自己思考並且加以表現出來的能力。

應該要如何應付嶄新型態的國中入學考試？

並不需要接受特別的教育。基礎學力是最重要的。

從以前大家就說「讀、寫、計算」是最基礎的學習，我認為這完全沒錯。

尤其是否能夠讀寫，正是考試的核心。

大家知道去年（二〇一九年）的東大推薦合格者第一名來自哪間高中嗎？

是廣島縣公立國高中直升校的廣島國高中。

這間學校在國中設有「語彙科」、高中則有「畢業研究」等，在教育上相當致力於培育學生的邏輯性思考能力、文章表現能力。

該校的老師認為學生在升學考試能夠取得好成績的理由，是因為徹底訓練讀寫，「想來磨練出了邏輯性思考能力、同時具備找到有趣觀點的能力吧」[6]

老師這麼認為，而我也是這麼想的。

眼見廣島國高中如此成功，今後私立國中應該也會傾向招收「能夠有邏輯讀寫的孩子」。

因為現在已經證明，這種孩子能夠順利通過今後的大學考試。

說起來原本所有的教科書就都是用國語寫的。不管是數學還是物理化學，都必須要理解其內容到底寫了什麼，從這個角度來看，其實全部的科目都與國語無異。

尤其是國中入學考試並不需要特別去思考科目之間的界線，不會詢問那些專門性過高的知識問題。只要在讀過教科書或解說書以後，能夠理解內容的話，應該就可以輕鬆回答問題。

詳細我會在第四章說明，不過只要讀過所有科目，能夠以文章來說明內容的話，那麼不管是私立國中入學考試、還是適性檢查，這些考試孩子都能夠應付了。

6　引用東洋經濟網路新聞「東大推薦全國第1名，縣立廣島校的絕讚教育方式」（二〇一七年七月）。

如果孩子想著「我想去玩！」那就沒有理由阻止他。應該要讓他盡量去玩才對。

我最為推薦的，是能夠讓孩子精力充沛的遊戲。在玩耍過後會讓腦袋空白一片的遊戲方式，就不能稱之為好遊戲了。

讓孩子之後會想去做其他活動的遊戲、能夠讓孩子心情好而試著提升自己的話，那就應該讓他盡量去玩。

若問我那是什麼樣的遊戲，我想小學生應該就是「去外面玩」、「和朋友一起玩」。

尤其是與各種不同年齡的孩子一起玩耍的話，會學習到非常多事情。現代有許多孩子是獨生子，因此能夠從「模擬兄弟關係」當中獲得貴重體驗。

如果與年齡不同、能力不同的孩子一起玩耍，對於參加其中的孩子們而言，也必須要變更遊戲規則。

不能夠因為自己做不到就變得礙手礙腳、為了讓其他人也能好好一起玩耍，就必須要想出辦法。要在外面和朋友玩耍，是相當需要動腦的一件事情。

另外，如果不順利的話，也可能會變更規則。

現代的入學考試需要思考能力、判斷能力，這種玩耍的體驗完全就是能夠直接對將來考試有所幫助。如果只是在書桌前一直寫練習題，是無法學會這種能力的。

另外，上山下海等自然體驗也能夠給孩子許多能量。

孩子們尤其需要面對火焰、河流、海洋等「會動的大自然」。

假日的時候帶孩子去露營，應該就能夠看見孩子變得愈來愈有活力。

在這樣的體驗下，他們不僅能夠時常倍感新鮮，也會觀察眼前持續變化的狀況，很自然地學習到判斷應該要如何行動的能力。

玩耍在結果上來說能夠提升孩子的學力，如果要準備國中入學考試，千萬不可以忘記這一點。

POINT

為了要贏得國中入學考試勝利，「讀寫」和「玩耍」非常重要

大型連鎖補習班就像購物中心

國中入學考試要做的事情很多？

追尋自己想做的事情。讀、寫、計算；好好玩耍。確實這些事情都很重要，但如果一直做自己想做的事情，會不會來不及準備考試呢……。

考試系統目前也已經與從前大不相同，或許得要在記下升學考試所需要的知識同時，採取一些思考問題的應對策略才行。只靠在家學習是不是沒辦法和其他人相抗衡呢……。

大可不用擔心。只要使用線上學習，不用兩三年就能夠搞定一切了。但是，若不懂得線上學習的使用方式，那麼當然會感到不安。

正當您煩惱著該如何是好的時候，猛然看見了補習班的廣告。「以前的學生都合格了！無論私立、國公立國中考試、適性測驗都能應付！下課後也全力協助學生！」

感覺好像去了補習班，就能夠確保跟考試有關係的東西都準備好。

大型連鎖補習班會給人那種「去到那裡，就什麼東西都有賣的大型賣場」一樣的安心感。

應該要持續去補習班嗎？

去補習班上課，會有一定的風險。具體來說風險如下。

＊大多不能夠只聽單項科目

如果只想去上自己不擅長的科目，通常會被補習班拒絕。就算是可以只上某一科課程，有些補習班還是會要求學生支付總共四個科目的費用。

＊無論是否為擅長的科目，進度都得和其他學生一樣

擅長的科目內容明明早就了解，卻還是得要上好幾次那些內容的課程。既然都去了補習班，還是希望能讓成績能夠提升啊。

另外，不擅長的科目也希望老師能夠教慢一點，這樣才容易理解。

＊補習班老師的教育方式不一定符合孩子

如果是好老師就運氣太好啦！但若不是的話，就糟了。

那個老師很不錯、不過這位就跟我不合……。就算希望能換個老師，連鎖補習班通常也不會接受學生這樣的要求。

＊即使找老師商量課業，也很難判斷對方是否真的為孩子著想

補習班畢竟是一個組織，因此每位老師要實踐自己的教育方針多少也會有其極限。就算補習班老師覺得「這孩子不太適合這間補習班」，也不可能真的建議「您的孩子不太適合本補習班的講課方式，最好去別間補習班」。

＊報名以後就很難退出

如果有朋友在同一個班級裡，孩子就很難退出補習班。我的周遭有許多學生是因為這樣才繼續去補習班上課的，結果就變成毫無意義地前往不適合自己的補習班。這樣一來相當浪費時間與金錢。

因此，不經思考、不管三七二十一就去補習班的話，完全就是「賭博」。

POINT

先嘗試線上學習，補習班要當成備案

當然，有很多補習班講師是非常值得信賴的。我自己也曾經在升學補習班裡頭工作，也遇到過相當有熱情要幫助學生有所進展的同事。

尤其是想要成為學校老師的同事，他們都是想著多多少少希望能做與教育相關的工作，才成為補習班老師的。他們雖然只是在補習班打工，但給人的印象卻是非常關心孩子們。

然而補習班本身是個營利組織，相較於孩子的教育真正需要的東西，他們還是會以利益為優先。這對於要把孩子交給他們的人來說，是有一定風險的。

由以上內容綜合判斷，很顯然去補習班上課並非首選。

先充實在家學習的內容，如果還是不滿意的話再考慮去補習班上課，我認為這樣的做法會比較好。

為何應該要採用線上學習來讀考試需要的東西？

如果沒有動力，就不要勉強孩子念書

當孩子沒有動力就得逼他去做，我認為這是應該要改變的思考方式。

孩子如果沒有動力，就不需要勉強他念書。

若是他沒有動力，就讓他去補習班的話，那完全只是增加無用的上課時間。

增加念書時間並不代表能力就會變好。而且還要多花補習班的錢。

結果會變成孩子討厭念書、也不願意自己去學習，這就表示那種學習方式根本不符合孩子。

要盡可能使用符合孩子的方式，而且盡量在短時間內完成。

只要提出的方法能夠讓孩子有一點點積極的感覺，他應該就會有動力了。

快速也能好好「料理」

這時候就要用到線上學習了。

線上學習的優點，就是「能夠在短時間內盡可能只學習需要的東西」。如果要挑戰通訊教育的平板電腦版，也可以依照自己喜歡的順序點閱。並不需要依照別人決定好的順序。

只需要瀏覽孩子覺得「搞不懂」的單元與問題的解說就好了。瀏覽授課影片的時候，也不需要全部放過一遍。了解的部分可以跳過，只要看自己需要的部分就好。

能夠以如此彈性的方法使用教材，正是線上學習的優點。

更重要的是，使用網路來找出能激勵孩子動力的學習方式。

這就像是在書店尋找似乎會感到有趣的書籍，父母也要搜尋，找出一種讀書方法，是你覺得孩子應該能夠做的。在去那種不知道會跟誰學習的補習班之前，應該要先在網路上找出採用自己喜歡的教學方式的人才對。

這樣一來，孩子的內心就會點起小小的火苗。這個小火苗是非常重要的。

知道新的事情、了解某些東西，是讓人身心舒暢的事情。聽了說明以後甚至會覺得「原來如此！」而大受感動。能夠感受到這種喜悅的正是學習，但孩子並不了解這件事情……。所謂學習和快樂，這兩件事情被一刀兩斷了。為什麼會這樣？

我認為這是因為孩子在湧出「我想聽！」、「我想做！」這種自主學習的心情之前，就一直處在被迫、被動學習的環境當中。

如果是位好老師，就會告訴學生「為什麼現在必須要學習這個科目」，給孩子學習的動機。但很遺憾的是，現實當中並不是所有老師都會這麼做。

團體授課必須在固定的時間學習一定的科目。

或許這是理所當然，但事實上這的確就是把孩子自己想要做什麼事情的心情都先擺在一旁了。

而覺得無法接受這件事情的孩子們，越是想著「就忍耐著學習吧」，他們自主學習的意願就會逐漸被剝奪。

如果不願自己學習，那麼成績就不可能提升。如此一來會更沒有動力。明明希望考試能夠合格，卻離終點線越來越遠。這是一種惡性循環。

為何要使用線上學習？

因為不希望孩子討厭學習。

忍耐著不去做自己想做的事情、硬是準備考試的時代，就讓它過去吧。

優先考量孩子的心情，他們就能夠快快樂樂地跨越考試難關。

為此，要自由善用線上學習。

如果有不明白的事情就自己查詢。方法不符合自己，就自己找出適合的學習方式。不要在心不甘情不願的情況下被逼著念書，而是開始自己一步步往前走。

如果孩子實在不知道該從何找起，那麼大人可以給他建議。

這就是周遭大人所要負責的事情，而我認為大人的角色也僅止於此。

說起來應該要在孩子討厭念書之前，就要開始先教會他如何快樂學習對吧？如果孩子一直做參考書的題目、乖乖聽課卻沒什麼活力，那麼就提出感覺像是遊戲一般的學習方式，應該很不錯。

如果能夠在遊戲的延長線上準備考試，那麼不管是幼稚園生、低年級學生，都能夠準備國中入學考試。不需要硬是把遊戲和念書分開。

與其說是先不要讓他做討厭的事情，不如說是讓他不覺得討厭。說什麼「你小學四年級了，該要開始準備國中入學考試！」或者「要從低年級就開始準備！」之類的就讓孩子去補習班，絕非上上之策。

我會在第六章詳細告訴大家，不過為了考試做的衝刺準備，大概只需要最後半年。在那之前只要快樂念書就好了。

讓孩子盡可能沉浸在自己想做的事情當中

盡力在孩子內心點起火苗、而且重視它的話，就能夠讓孩子盡可能沉浸在他自己想做的事情當中。

這是孩子最能夠變聰明的時間，所以要盡可能持續久一點。

喜歡的科目會不斷有所進展，無視該年級設定的課程範圍也沒有關係。

另外像是抓昆蟲、編織這類手工藝等和念書沒有直接關係的事情，孩子喜歡的話也盡量讓他做。

若是孩子相當熱衷，那麼什麼事情都行嗎？

判斷孩子是否能夠變聰明的祕訣，是看表情。請好好觀察孩子的表情。

從孩子還小的時候，你應該就看過他因為精神集中而變聰慧的樣子。

就連嬰兒都會嘟起嘴來，用不熟練的手法把玩玩具。

就是持續做能夠讓他產生那種表情的行動以後，孩子就會越來越聰慧。

請回想一下那種表情。如果一直都是那種表情，就算孩子已經長大了，也還是會因為這樣繼續下去。

養育孩子不要只是讓他考試合格就好，還是希望孩子所擁有的才能可以開花結果，對將來的工作和生活有所幫助，難道不是這樣嗎？

我認為應該將這樣的教育當成目標。而線上學習就是可以活用來讓孩子的才能伸展到最大的工具。

使用線上學習的話，準備考試會更加輕鬆。而且用這種方式，孩子肯定更能感受到學習的快樂。

重點就在於「不讓他認為是在念書」。

有許多東西都是免費的，能夠馬上實踐。

如果孩子開始想要自己學習，他就會持續下去。這樣一來，自然就會開花結果。

希望這本書能夠協助大家打開這些孩子的「活力開關」就好了。

POINT

線上學習的重點是「遊戲的延長線」、「不讓他認為是在念書」

第一章

線上學習的無限可能性

給孩子一個令人心動的未來學習方式

線上學習彷彿 SF？

在沒有網路的時代，停課期間的情況或許會更加糟糕。

孩子在家裡念書，就算有搞不懂的東西，父母親也不一定能夠回答出所有問題。

或許會有人覺得，反正就回答啊也沒什麼問題，但是當父母正集中精神做自己的工作時，如果孩子一直跑來問問題，那麼就必須中斷自己的工作，這樣其實會變得壓力很大。

另外，就算爸媽願意教，爸媽的教學方式也不一定符合孩子的學習方式。說不定其他方法對於孩子來說會更簡單。

但是，現在就算在家裡，也可以和別人連線，只要上網搜尋，也能夠解決許多疑問。孩子可以找出自己想做的方法。而且不需要配合別人的進度，只需要學習自己想學的。

在幾個月的停課期間當中，我每天都使用 zoom 和小學生們開「早會」。畢竟沒有要去學校，孩子們在家裡也不知道要做什麼，所以我們就開始了這個早會。

大家早上透過畫面集合以後，每個人會發表自己當天的學習計畫。

趁著自己有精力的時候趕快念不擅長的科目，累了就看看自己喜歡的科目，或者一大早就彈彈鋼琴、又或者畫畫等，讓他們自己決定學習內容和時間比例。

另外，如果有弄不懂的問題，也會建議他們如何在網路上尋找答案。

停課期間，我和孩子們以 zoom 來連繫，他們覺得好像什麼祕密結社的集會一樣，相當興奮。就好像我們身處 SF 電影中的戰鬥場景，告知應該如何作戰。

線上學習令人感覺像是未來的學習方式，因此讓人感到興奮。

這種興奮感，對於孩子們的學習來說是非常重要的。

我認為這種學習方式若能夠持續下去就太好了。

家庭教師的正確使用方式

當我以家庭教師身分為個人授課的時候，一定會告知第一次上課的學生一件事情。

那正是「所有不懂的問題都要問喔」。

最有效利用家庭教師的方式，就是不懂的問題全部都讓對方解說。

這樣一來，就能夠在短時間內了解自己不擅長的科目。

但很多學生其實不太了解這點。

比方說他們打算學習算術的新單元。

他們完全不會預習，希望老師直接從頭教起。也完全沒有看該單元的解說內容。當然不可能先寫練習題。然後打算在這種狀態下請家庭教師授課。

這種孩子並不少見，因為他們習慣了被動學習。

他們完全指望老師幫他們準備好要解說的東西和要練習的題目。

其實就算是要學習全新的東西，也應該先自己念到一個程度，然後準備好問題，這樣比較快。

更麻煩的是之後的事情。

告知他們「你在家要複習喔」之後，課程便結束了。

結果下一次上課的時候問他們「上次那堂課有沒有問題？」他們也都說「沒有問題！」

但是根本不可能沒有問題，我在授課的時候說明的內容應該是沒有明確到一定能夠理解的程度，刻意把課題留給學生，所以他們怎麼可能完全理解呢！沒有問題的孩子，只是覺得自己有看過了應該有理解罷了。

實際上測驗一下就知道根本七零八落……。

就算寫了題目也不想自己學習，所以當然不會有問題。結果其實根本沒有理解內容。這種情況我見過太多了。

也就是說，如果沒有想要自己學習，在腦袋裡思考「這到底是怎麼一回事？」的話，學習效率非常低。這個情況在線上學習也是一樣的。

如果效率不好，那麼會需要花費相當長的時間而且很累。我都會萬分惋惜的想著，你們明明只要趕快做完非做不可的事情，然後就能夠去做自己想做的事情了啊。

線上學習的正確使用方式

線上學習是零花費學習工具當中最強的一種。

因為這種方法可以依照自己的步調學喜歡的事情，在自己家裡、自己學習就好。但若只打開影片聽課，並不能將這種優點利用到最大極限。被動學習的效率非常低。也就是說，應該要把線上學習當成家庭教師這樣的存在。

畢竟對方可以解決自己所有的問題，因此孩子必須要一直抱持著盡可能把所有資訊抓出來的態度。

首先要好好確認孩子想要知道什麼事情、想要怎麼學習。如果不這麼做，就算開始使用線上學習，效果也不會太好。

如果孩子想著「好討厭喔」而興趣缺缺，那麼往後他也不會持續學習下去。而「持續」能夠將學習效果提升到最高，因此孩子自己感受到「我想學」才能夠將「免費家庭教師」利用到極限。

POINT

孩子如果「被動學習」，就算用線上學習，效果也很差

新時代的學力

智慧型手機是遊戲機嗎？

這個時代，只要有智慧型手機，就能夠獲得各種資訊。

想要讓線上學習成功，最重要的就是能否巧妙使用數位機器。

但孩子們的情況，實在有點糟糕……。

請看下一頁的圖１～３。

這是國立教育政策研究所根據二〇一八年PISA調查資料製作的圖表。

圖１「使用電腦來利用學習軟體或者學習網站」當中，日本是OECD（經濟合作暨發展組織）國家中名次最低的。而相對地，圖２「使用單人遊戲機玩耍」則是第一名。

也就是說，日本的孩子大多數只把數位機器當成連絡用的工具或者是遊戲機。

校外平日數位機器使用狀況國際比較（2018年）

你會為了以下哪種事情在學校以外的地方使用數位機器、大概使用多久（包含使用手機）。

■每天　■幾乎每天　■每週1～2次　■每月1～2次　■幾乎沒有使用　■不回答、其他

圖1　使用電腦來利用學習軟體或者學習網站

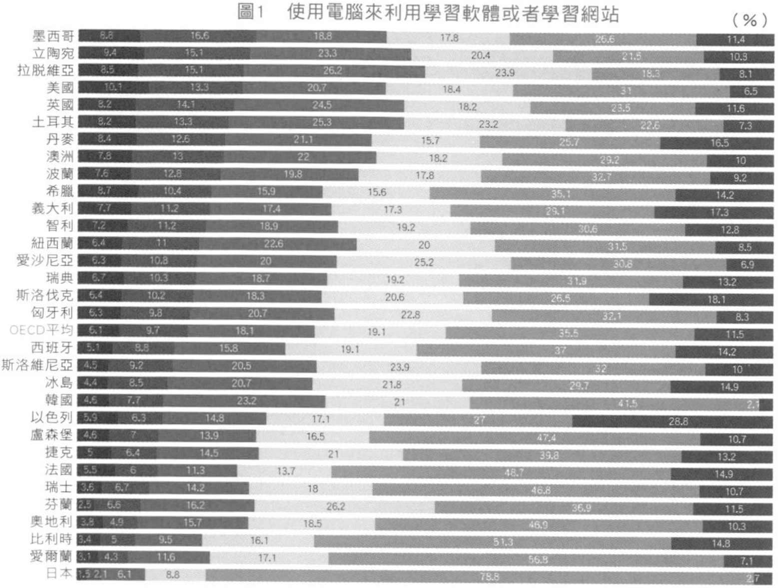

圖2　使用單人遊戲機玩耍

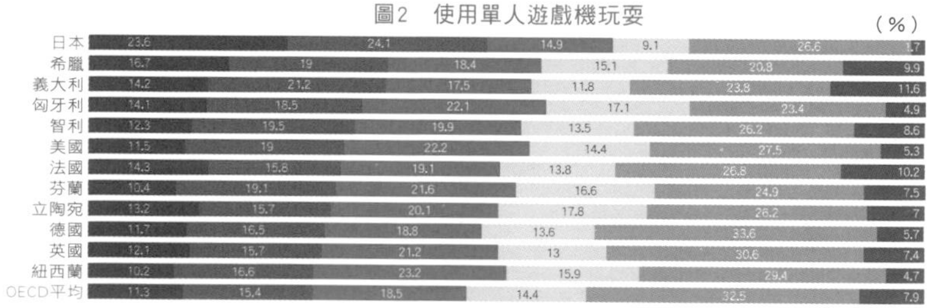

圖3　在網路上聊天

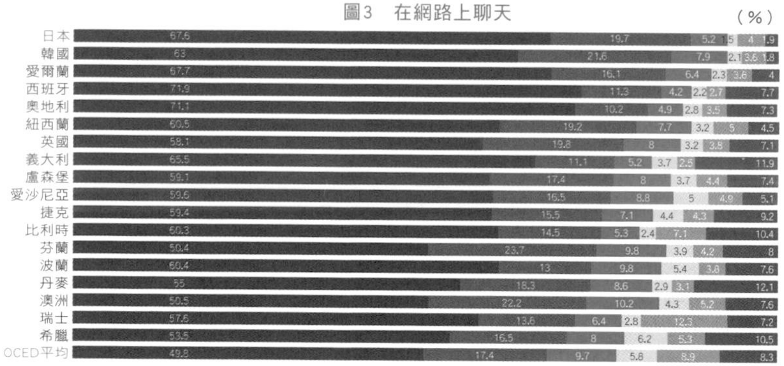

(注)依照「每天」、「幾乎每天」回答的學生比例多寡由多至少排列國家。

引用：國立教育政策研究所根據OECD PISA2018資料庫製表。

數位機器是學習工具

非常遺憾，沒有人教導他們智慧型手機可以更加有效利用這件事情。學校或者補習班之類的地方也不會教學生使用智慧型手機。就算有，大概也只是告訴他們網路和 SNS 有多麼危險。不可能指導學生應該要如何才能使用智慧型手機這類數位機器來快樂學習，更不會積極教導學生實際上應該如何操作。

這樣下去，孩子們很可能根本沒辦法完善將數位機器當成學習工具來使用。而且，上了國高中以後他們會進入反抗期，要教他們就更困難了……。

因此最好是在孩子還是小學生的時候，就在家庭裡指導他們數位機器的使用方式以及資訊的擷取方式。

也就是說，若沒有學習正確的數位機器使用方式，線上學習也不會成功。內容我會在第五章當中詳述。

POINT

能夠巧妙使用數位機器，正是新時代的學力之一

地球整體就是學校

密涅瓦大學的成功

若目前全世界的大學都已經引進線上學習，而最有名的就是被認為是「比進哈佛還要困難」的美國密涅瓦大學[1]。

他們的學生遍布全世界，不管是上課還是討論都在線上。

另一方面，如果是解決企業課題的企劃、或者進行田野工作的時候，也會實際上到當地集合、參加學習企劃。

這個教育機關融合了線上授課以及線下學習企劃，因此相當受到矚目。只需要參加自己覺得有趣的學習企劃、選擇對自己來說學習最容易的環境，在全世界當中移動就行了。

未來的學校不需要校舍？

以密涅瓦大學的做法來說，根本不需要校舍，企劃也不需要限制在歐美國家。或許也可以建立一個學習企劃，內容是整治非洲的水管設備之類的。

只要利用線上學習，應該也不需要為了學語言而提早外出留學。

畢竟現在也有所謂的線上國際學校，在線上好好鍛鍊自己的語言能力，等到學習學問的階段再移動到當地。這樣在費用上比較節省，學習效率也高。

另外，國內或許也可以設立一間以線上學習為主軸的學校。

比方說在遠離都市、有著豐富大自然的山邊，一個有山、有水也有海，附近也可以栽種有機蔬菜的地方——這是可以培育出孩子好奇心與感受性的最佳環境。平常在線上收看教科書的課程，每個月幾次到山區的學校去住宿，同時進行田野工作、辯論、科學實驗、在小鎮上舉辦活動等，學習那些要親身體驗才能了解的事情。

密涅瓦大學的成功，讓大家能夠想像出未來學校的具體樣貌。

1　密涅瓦大學是一間校本部位於美國加州舊金山的綜合私立大學。二〇一四年展開第一門課程。二〇二〇年九月當下有超過六百名學生在學。開學第二年就有九十八個國家共超過一萬一千多人申請入學，合格率只有二・〇%。目前每年全世界都會有兩萬人參加入學考試。

全人類皆「老師」的時代

免費的線上教材越來越多

線上學習完全翻轉了過往的學習方式。

線上學習的先驅，是一個叫做「可汗學院」的免費學習網站。自網站開設沒有多久，二〇一二年的每月使用者已經高達六百萬人，全世界的人都因為「不必去學校也能在家裡完成課業！」而興奮不已。

由於這樣的影響，日本這幾年來也多了許多可以免費使用的線上教材。

而在這些教材當中，最方便使用的線上學習，應該就是 YouTuber 的課程影片了吧。

比方說有位叫做預校拓未的日本 YouTuber。

有小學四年級的學生光是靠著看他的影片，就考過了數學檢定一級，也因此引起社會討論。

個人投稿的影片，就這樣成功在不知不覺間讓孩子的能力開花結果。

孩子也能馬上成為老師

現在並不需要去學校或補習班才能找到老師，所有人都能夠透過網路，盡量講述自己喜愛的學問或者興趣，就可以成為別人的「老師」。

就算透過畫面，也能看到他們做這件事情有多麼快樂。盡情講述自己喜愛的事情，這種積極正向的能量，也會給正在學習的孩子正面影響。

而且「老師」並不一定是大人。想來以後應該也會有國中生錄來教導小學生課業的影片。就算是孩子，也能夠成為「老師」而活躍於網路上。

當然，網路上有良師但也可能有「反面教師」。不免有些網站或者影片，可能試圖要將偏頗的思想傳達給孩子。

畢竟有這樣的危險性，所以最初或許會無法放手讓孩子自己一個人去搜尋。父母親可能需要和孩子一起搜尋，然後把喜歡的網站和影片製作成一個清單。

POINT

線上學習能讓全世界都成為學校，所有人都成為老師！

一年就從高中「畢業」的孩子

不上高中也能去大學

我來告訴大家一個靠線上學習就迅速完成目標的國三男孩的故事。

他為了增加自己的時間所以選擇不去學校，也就是說他是相當積極的不上學小孩。

那孩子在國三的夏天連絡我，說是因為想要考高中畢業資格考試，所以希望每個月上兩次數學和自然科學的個人課程。

所謂高中畢業資格考試，是一種能夠得到大學入學考試資格的測驗，有點像是大學檢定。總共有八個科目，如果全部合格的話，就算沒有上過高中，也可以去考大學（自然科學或者社會科等，選擇科目會改變考試科目數量）。

如果每個月只上兩堂課，那根本沒有空每一個單元都好好說明。

所以我讓他大致上自己先預習一遍，他自己實在無法弄懂的部分我再解說給他聽。他在上過課以後會自己複習，然後預習下一個單元。

在家裡使用參考書、考古題、網路上的免費網站、影片、免費學習 APP 等，以線上學習的方式全面應對所有問題。

考試的出題範圍幾乎都是高一的程度，說老實話並不會太難，大概有一半的題目會寫就可以合格了，因此就算只使用免費網站也很充分。

所以他在高一那年夏天，一次就考過了高中畢業資格考試的所有科目。

除了可以像他這樣靠家庭教師和線上學習跨越難關以外，現在還可以去N高[2]然後接受高中畢業資格考試。

N高是通訊教育制度的學校，但因為主要只要用線上學習就能夠從高中畢業，因此全國約有一萬五千位學生，相當受歡迎。學費也只有公立高中的程度，大概一年十萬日幣左右。

而且這間學校的課程就和普通科學校一樣，數學和物理這些困難的課程也都可以從頭開始聽，如果聽課的學生有那個意願，一樣可以報考大學的一般入學考試。

2　N高等學校是位於沖繩縣宇流麻市伊計島的私立高中。N高是簡稱。這是由學校法人角川多玩國學園設立的學校，於二〇一六年四月開校。設置通訊教育課程，日本四十七都道府縣及外國人皆可參加，也有通勤課程。

人生一百年時代的學習方式

那麼，讓我們回到剛才那位孩子的事情。

雖然他順利在高一那年通過高中畢業資格考試，不過日本大部分的大學還是要到滿十八歲才能夠報考。

因此他將接下來的兩年都耗費在做自己喜歡的事情上頭。

若是很在意某個人，就去拜訪並採訪對方；參加企業的實習；寫寫報導之類的，之後便以綜合考試為目標，希望能考進某大學讓他可以做自己想做的研究。

結果他在考試前又選擇了決定不去大學。因為他認為在這兩年內他所拓展的人脈，已經讓他足以不必再去學校。

我認為他的生存方式非常當代。

現在被稱為人生一百年時代，大家也互相提醒必須一輩子學習的必要性。日本的人口持續減少，勞動人口當然也變少了。已經開始有企業把退休年齡延後到八十歲，若是勞動人口繼續減少下去，恐怕就不能指望退休金了。

持續學習、盡可能繼續工作下去，這就是今後的生存方式。

因此，未來要成為世界支柱的孩子們，必須要有能夠一輩子學習下去的能量才行。能上這所學校就沒問題、可以進那間公司就不愁吃穿，這已經是過去的事情。

就算進了公司，也有需要從頭學習的東西，想必也會有越來越多重回校園的案例吧。必須持續更新自己的知識。

先前提到的男孩也是一樣，他說：「如果我還是想研究學問的話，也可能再回頭去上大學吧」。

選擇他這種生存方式的年輕孩子，想必會越來越多。

讓好奇心優先、持續學習，學校並非目的，只是人生的手段。

如果忽然「想學」的話，線上學習有非常大的幫助。畢竟隨時都可以學習自己想知道的事情。

POINT

往好奇心所在前去、與全世界連繫、學習自己想學之物的時代

真正的線上學習

混合學習

大家聽說過美國學校目前已經相當普遍的線上學習方式「混合學習」[3]嗎？

這是以「個別學習×學生主導」為主，讓孩子自然進入學習狀態，提出針對個別孩子不同學習方式的線上學習。這個方法是由美國開發出來的，目前已經迅速普及到歐美各教育先進國。依據每個學生的學力、性格、目標等，為其安排課程。可以依照自己的動力去變更進度，沒有什麼固定的班級上課時間。

這種方法是讓學生先自己觀看授課影片，需要的時候才詢問老師，這種「反向授課」；同時還有透過具體經驗來學習的「探究學習」等，巧妙結合了個人學習以及團體學習。

實踐這些做法之後，就能讓大多數的孩子不會落後他人。

另外，也成功做到只要用最低限度的學習時間，就學會科目所需的知識。

另一方面回頭看看日本，幾乎沒有學校使用混合學習。

那麼日本的孩子們是否就無法接受線上學習的恩惠呢？我們是否無法為他們提出符合每個人自己的學習方式？

不，沒有那回事。但這些東西，學校和補習班都沒辦法給他們。

我確信正因為在家學習，才能夠為他們做到線上學習。同時利用線上學習，讓孩子展現出自己主動學習的樣貌，才能夠在往後的考試中奪得勝利。

而此時掌握關鍵的便是「反向授課」以及「探究學習」。

這兩種學習方式是混合學習的主軸，近年來這種作法也因為可以帶出孩子自己學習的力量，因此相當受到矚目。

將這些方法應用於在家學習上，就能夠趕快完成必須做好的教科書學習，也就能快快樂樂準備考試要用的東西。

3 「混合學習的衝擊 實現『個別課程╳學生主導╳完成度標準』的美國教育革命」（Michael B. Horn、Heather Staker著作；日文版由小松健司翻譯、二〇一七年教育開發研究所出版）。

反向授課是一種使用影片授課的線上學習方式。請每個學生先自己看過授課影片後，到了教室直接進行討論，或者是學習更深奧的東西。

也就是說，先用影片課程來進行預習，之後發問及得到解答、討論等實際行為效果會比較好，實際上就等於當面授課。

最大的優點就是給學生時間去進行深入考察。因為自己就能做完的事情已經先做了，所以會有充分準的備。

也因此在那之後才有辦法進行更深入的討論。在有限的授課時間內，也才能夠觸及知識應用的部分，如此可以更有效率地伸展孩子的能力。

就算是千頭萬緒的考試準備，也應該要用反向授課的力量來實踐。

因為先將自己能夠學習的影片都先看過，會有以下優點。

*影片課程可以只看需要的單元。

*自由選擇講解聽起來比較輕鬆的老師。

*擅長的科目可以無視年級設定直接往前推進；不擅長的就照自己的步調。

＊能夠盡可能追求當事者想做的科目、單元。
＊可以視當事者的動力來調整做法。
＊多餘的時間可以充分拿來做應用問題的練習。

只有好處沒有壞處。反向授課能夠完全劃時代地消滅補習班的缺點。

實際上我的學生當中有個小學五年級的學生，用影片授課只花了半年時間，就學完了原先規劃為一年的算數課程。

接下來說明探究學習。所謂探究學習並非只是打開教材來上課，而是在實踐中體驗失敗、然後更進一步探尋道理的學習方式。又被稱為企劃型學習[4]，這幾年來不管是學校還是補習班都相當積極嘗試這種方式。

4 在學校學習培育出社會上所需能力的教育方法。採用的手法是依照一定的企劃，讓學生從實踐中學習。苫野一德表示企劃型學習分為三種。①解決課題型企劃↓學習解決課題及問題 ②知識發現型企劃↓學習目標在於發現智識 ③創造型企劃↓學習如何打造東西。

集團授課會從解說授課開始，之後才進入練習，但是探究學習則期望以具體的實踐來記得知識。特徵就是直接倒轉學習的順序。

簡單點說就是「實踐↓記住知識」，而非「記住知識↓實踐」。

比方說現在要學習電力好了。那麼就前往發電廠或者科學館進行田野工作，學習社會上是如何使用電力的。另外也會準備馬達，進行實驗讓大家了解究竟應該如何發電。

另外還要將田野工作或者實驗時想到的東西寫成文章。這樣一來就會在實踐的過程當中，記住教科需要學習的知識。

結果就是能夠隨著實際上做過的回憶（體驗）自然記得相關的知識。

探究學習最大的優點，正是孩子不會忘記學習的快樂，而能夠在遊戲的延長線上用功。

有些用話語非常難以說明、很難想像的東西，也可以自己動手、一邊聊天、甚至是跑來跑去，以相當真實感的體驗來學習。

而當孩子在進行田野工作、執行實驗的時候，很自然就會在一些情況下發生各種錯誤。

他們或許會心想：「這裡為什麼不順利啊？」另外，應該也會試著整理自己所思考的事情。

這類探究學習能夠非常自然地訓練出未來時代所需要的學力，也就是「思考力、判斷力、表現力」。

反向授課與探究學習，只要利用這兩個學習方式，就能夠縮短用功時間、將多出來的時間花費在應用上，同時鍛鍊出未來時代所需要的學力。我們可以斷言，反向授課與探究學習這兩種學習方式，將來會成為教育的支柱。已經有些學校和補習班在實踐這些學習方式，而我認為「在家庭當中更能夠辦到這件事情」。

POINT 在家裡學習更應該採取「反向授課」與「探究學習」

結果應該如何準備考試？

新時代的在家學習

其實這本書當中介紹的線上學習法，就搭配了「反向授課」與「探究學習」，讓大家能夠在家裡也實踐這些方法。

反向授課對教育分明如此有效，卻尚未被學校使用。另外，探究學習只在一部分的學校當中實施，現況是學校也交由教師個人進行判斷。然而這就是現實。

反向授課可以有效準備考試。
探究學習能夠快樂思考、表現，然後記住需要的知識。

這兩種學習方式能夠更有效率且快樂學習，不會從孩子身上奪走學習動力，對於促進孩子自行學習來說是相當必要的學習方式。

採用數位與類比各自好處來學習

我想推薦給大家的是混合數位與類比的學習方式。

在實行混合學習的美國中小學當中，也會融合數位方法以及以前的類比面對面學習企劃，打造一個擷取各自優點的系統。

也就是說，如果自行學習比較快的話，就採用數位教材。若是和大家面對面談話會比較順利的部分，就回歸面對面講課。在面對面談話的過程當中，如果有想知道的事情一樣可以改到線上學習。大概就是這樣，隨時可以切換當面授課以及線上學習。在家裡實踐這個方法的話，大概是以下步驟。

首先找出自己想做的題庫與想閱讀的解說書，這應該是紙本會比較好。通常紙本也比較能用自己的雙眼確認份量，非常適合小學生。

為孩子設立學習計畫，使用他喜歡的解說書和題庫來學習。解不開的題目就使用「免費家庭教師」也就是網路或者智慧型手機的 APP，來尋找解題方式及答案。

這樣一來，孩子自己有疑問會去調查，然後解決這個問題。這就只是盡可能善用線上學習這個工具。

接下來，最重要的事情就是，孩子是否能夠自己進行搜尋。

不要小看搜尋這件事情。我認為是否擅長搜尋，是一種非常重要的學力。如果沒辦法順利搜尋，就無法接觸到沉睡在網路上的大量高品質教育。為了讓孩子能夠自己學習、找到好的資訊，必須要鍛鍊他們的搜尋能力。

那麼，應該要如何培養出搜尋的能力呢？

解決方案就在於平日的網路搜尋。用平常就在做的網路搜尋工作，自然學會搜尋的能力，正是線上學習的原點。

如果做不到這件事情，就不可能辦到線上學習。

搜尋就是如此重要。

POINT

為了要能夠混合數位與類比學習，「搜尋能力」至關重要

第二章

應該從什麼樣的線上學習開始

搜尋能夠提高腦部解析度

在網路上搜尋能夠成為學習

「有鳥在叫！咦，那是什麼鳥的聲音啊？」
搜尋叫聲以後就知道那是翠鳥。

「花開得好美！這是什麼花啊？」
搜尋圖片就會知道那是鼠麴草。

散步的時候腦中冒出各種疑問是常有的事情。
這種時候只要趕快在網路上搜尋一下，所見所聞的世界馬上會大不相同。
該說是「解析度提升」了嗎？自己眼中的世界會變得更清楚。
只要搜尋，就能夠提升世界的解析度，也會自然記得專門的知識。
從小地方開始學習，大家不認為這就是讓頭腦變好的訣竅嗎？

如此一來原先就常做的網路搜尋，就會成為學習的契機。

前面我也提過，接下來就好好善用網路上「無數的『老師』吧。

這和孩子的年齡毫無關係。

只要回應孩子「為什麼會這樣？」、「要怎麼做？」那些單純的問題就好。比方說像是這樣。

「爸你的咖啡是瓜地馬拉的嗎?那是在哪裡啊？」

「喔，我們來搜尋看看吧。」

（打開地圖 APP 確認）

「在墨西哥附近呢。」

「真的耶。東邊是加勒比海，會不會有很多海盜啊？」

「咦，有海盜嗎？」

「你沒聽說過加勒比海盜嗎？」

「來搜尋看看！」

有時在搜尋以後，還會冒出另外想要知道的事情。這樣持續搜尋下去，就能夠學習到更加深入的東西。

原先調查的東西連接到其他事物，會變得像是個故事而更不容易忘掉。

就像這樣，只要巧妙運用孩子自己提出的疑問，就能夠培育出一個會自行學習的孩子。

孩子內心產生的「？」是否能夠成為一種學習，端看周遭大人的行為。學習的契機就沉睡在那些「來念書吧！」以外的時機。就連孩子自己都不會察覺那是一種學習，這方面更棒。

如果叫孩子「用功」，他難免退縮……這種孩子並不少。讓這種孩子能夠在日常生活當中學習，就可以在不知不覺間提升他的能力。

請盡可能有意識地搜尋以後延長對話，藉此連結到學習。

用智慧型手機搜尋的話，隨時隨地都能做到。這正是所謂的「打鐵要趁熱」。

POINT

搜尋孩子日常生活中各種小疑問，連結到學習

搜尋順利的話，母語也會變好

與國語的閱讀能力相似

搜尋順利，表示能夠馬上找到自己在尋找的資訊。

這就有點像是要解答「從問題文章當中萃取出適當的話語」或者「由以下選項中挑選出最適合的一項」這種問題。

比方說，從搜尋以後找到的網站文章裡面，萃取出自己所需要的資訊，這不就像是閱讀測驗一樣的東西嗎？

實際上文科省也認定國語能力當中的一項，就是「快速從龐大資訊量中正確判斷、處理能力的重要性」。[1]

也就是說，搜尋這件事情本身就是國語學習。

1 《國小學習指導要領（平成二十九年公告）解說 國語篇》的〈第2章 第2節2〈知識及技能的內容〉（2）資訊處理方式相關事項〉。

但是，搜尋本身似乎並不是件簡單的事情。實際上有很多學生為此陷入苦戰。

比方說，我和小學五年級的學生去圖書館找書的時候，他們根本就不知道用電腦搜尋的方式。雖然學校應該有教過才對。

光是在圖書館找書就要耗費一番功夫，那麼要搜尋資料更加龐大的網路，想必更是件難事。

擅長搜尋的孩子，就能夠得到優良資訊，也不需要硬背下來。

相反地，無法好好使用搜尋功能的孩子，得到的資訊會非常稀少，而且獲得的資訊品質也不一定足夠良好。

會這樣是因為無法巧妙使用數位機器，因此原本三兩下就可以完成的事情變得非常花時間，當然也就無法將這些時間用來好好閱讀內容。

這樣下去相當得不償失。

在孩子被資訊大浪吞沒以前，我們必須要好好架構出能夠教育他遴選必須資訊的方法才行。

YouTube 並非電視而是「做法大全」

要組裝家具的時候，與其看說明書還不如直接找出 YouTube 上實際組裝的影片來看更加好懂；彈鋼琴也是如此、烹飪亦如是。

要創作什麼、表現什麼的時候，就算沒有專業的知識，只要看看網站或者影片，也能夠達到一定程度。無論有什麼事情覺得想做做看，大概都能在 YouTube 上面找到相關的解說影片。

目前 YouTube 的功能可以說就是「做法大全影片合輯」吧。

學習學科的時候也一樣，有些東大學生之類的人會打造出自己的學習方式，然後上傳他們針對算術或者特殊計算的解說影片，這些都相當有幫助。

話雖如此，孩子們似乎都沒有體認到網路可以這樣使用。

而對孩子們說將來想要當個 YouTuber，應該大部分是指介紹玩具或者實況轉播遊戲之類的吧……。

POINT

為了不讓孩子沉沒於資訊波濤當中，必須架構出教育孩子遴選資訊的方式

第二章　應該從什麼樣的線上學習開始

於網路叢林中流浪

注意不要沒事做也亂逛

在網路上進行搜尋，有時候會在不知不覺中漫無目的在網頁之間隨意瀏覽。這就像沒有目的在叢林當中閒逛是一樣的。「網路叢林」當中居住著魔鬼。要是隨意亂逛，很可能會一不小心就讓自己的生命陷入危險之中……。

基本上數位機器只在目的明確的時候使用。

不要流浪的祕訣，就是先問孩子想知道什麼、要查什麼事情，如果孩子沒辦法清楚回答，那就不要讓他步入「叢林」。

另外，無法自己搜尋資料的孩子，還請大人和他一起搜尋。

如果不知道該怎麼搜尋，也可以在網路上直接輸入「搜尋 怎麼做」或者「搜尋 訣竅」之類的，就會找到搜尋方式。還請務必嘗試一下。

要調查什麼，孩子自己決定

還有一點相當重要。一起搜尋的時候，不要變成像學校上課那樣做「搜尋學習」。學校通常都已經準備好教材和資料，因此採取的方法是「好的，主題就是這個！從資料當中搜尋吧」。這樣對孩子來說是一種被動學習。

就算是被逼著去找資料，也會馬上忘掉他自己找到的東西。經常會發生「你不是先前才查過嗎？」、「咦，我有找過嗎？」的情況。

因此要搜尋什麼事情、要以什麼作為主題，必須讓孩子自己去思考。這樣一來他應該就會記得自己查了什麼。如果誘導順利，孩子會自己搜尋了，那就會成為他自己唸書的契機。

POINT

絕對不可以想著「太麻煩了，還是你媽我來找吧！」之類的，絕對不行

成為資訊獵人

由「叢林」當中獵取想要的資訊

所謂搜尋，和狩獵非常相似。

繩文時代的人採集森林和樹木的果實、獵捕海中及河川裡的魚貝類生活。為了上山下海取得各種食物，他們需要有很多技術，而在網路叢林當中也是需要「技術」的。

現在的孩子們也必須從潛伏著各式各樣危險的「叢林」當中，找出他們想要的資訊。

也就是說，最重要的並非接收資訊，而是自己去狩獵。要像繩文人那樣以「肚子餓到快要死掉了！」的心情去找資料，搜尋的時候也要想著「再不知道我就要死掉了！」然後自己努力去找出來。

如果能夠找到這樣的題材，那就太棒了。因為這樣就算別人不開口，孩子也會自己努力去學習。

或許您會想著「話雖如此，我家孩子根本不會問問題」。
這種時候，請回想一下您的孩子在嬰兒時期的樣子。

他聽到周遭的聲音，應該會在心裡想著「這是媽媽的聲音嗎？」、「這是爸爸的聲音嗎？」然後試著擷取世界的資訊。反覆進行這個工作、一路成長以後，才會成為孩子現在的樣子。
這個行為從來沒有間斷過，孩子一直活到當下為止的時光不曾中斷。
而且這個時間還會延續下去，孩子會在不知不覺問長大成人。
他上了小學、身體變得比以前高大了，每天也還是會一點點的成長。而且不是只有他的身體這樣，他的心靈也是一樣的。
在生活當中，心裡一定會有著試圖了解這個世界的想法。
畢竟無論成長到多大，都會有不明白的事情。
您需要敏銳點感受到孩子那些微的成長。
就算不特地花錢讓孩子去補習班之類的地方，孩子的腦袋裡還是潛藏著變聰明的機會。
因此父母親也必須要回想起身上狩獵民族的血緣。

雖然社會上遍地皆是養兒育女資訊，但是不能因為其他孩子看了那個影片就學會東西、或者某間補習班很有名，就拿那些教材給孩子。

最重要的是孩子自己想怎麼做、他究竟關心什麼等，將這些作為起點，找到最適合那孩子的學習方式。

希望父母和孩子都能不為資訊所惑，一起成為好獵人！

POINT

將家庭打造為讓孩子能夠前去狩獵自己想要資訊的環境

第三章 讓人想主動搜尋的學習方式

何謂讓人想主動搜尋的學習方式

問題練習、田野工作、動手做

要在線上學習國語、算數、自然科學、社會、英文這五個學科的時候，並不是只要在網路搜尋、使用影片或 APP 等數位教材就可以完成的。

只用數位教材進行學習，幾個小時就很累了，而且還有個壞處是根本不知道自己的進度到哪裡。另外，也很可能因為分心就看起了和學習無關的東西。不過網站或者影片確實解說得比較容易，教學方法也非常豐富。

詳細會在一〇三頁後敍述，但是我們要用「問題練習、田野工作、動手做」這三種類比方式來進行學習。線上學習只有在必須的時刻才使用。

而感到困擾的時候是否能夠好好搜尋得到自己想要的資訊，也就是培育出搜尋的力量，正是線上學習的關鍵。

在孩子能夠獨力搜尋以前要幫助他

如果希望能夠盡快找到他想要的東西，那麼親子一起做會比較快。一開始很可能因為搜尋做不好而大吃苦頭。

或許也需要多加注意別讓孩子隨便打開無關的網頁。而且務必要記得，做這件事情是正在開發孩子的能力。

如果逐漸不需要父母親陪伴也能夠順利搜尋，那麼孩子就能夠自己解開喜歡科目的問題了。接下來就無關年級，如果他喜歡，就可以一直往後面的進度做下去。

若是喜歡的科目，或許可以提早兩三年讀完該科的內容。

接下來大人只需要協助他學習不擅長的科目。這樣一來，對於所有人來說都是負擔最低的情況。

POINT

順利搜尋的能力，對於持續學習相當有幫助

學習方法搜尋的訣竅

搜尋的時候有四個訣竅

那麼，應該要如何才能巧妙搜尋呢？

身為一名老師的我，如果無法順利向孩子解說他的問題時，也會搜尋簡單易懂的影片或者網站。

並非身為老師就能夠完美解答所有題目，因此我會盡可能利用那些能夠說明得比自己還要清楚的東西。

簡單來說，只要能夠讓孩子馬上頭腦變好，我是不擇手段的，能用的東西就盡量使用。大家在使用網路的時候也要有這種想法。

那麼平常孩子在學習的時候，應該要記得的搜尋訣竅為以下四個。

①搞清楚到底是哪裡不明白。
②搜尋為何會是那個答案及其解題方法。
③在錯誤中嘗試關鍵字搜尋。

④活用圖片搜尋。

假設要計算小學五年級教的雞兔同籠類型問題好了。這種題目的基本說明應該是沒什麼問題，但若是比較應用性的問題，很可能就會無法解答。

比方說題目可能是這樣的。

雞、兔、甲蟲合計共有五十隻動物。腳總共有一八〇隻。雞兔的比例為一比一。三種動物各有幾隻？

除了「雞」、「兔」以外再多加一種動物就無法計算的孩子，意外地並不少。就算去看題庫的解答解說或者另外尋找解說書，也還是搞不懂……。

這種時候，應該要如何搜尋呢？我就根據四項搜尋訣竅來說明一下。

這些方法也能夠應用在自然科學或者社會科上。不過國語的話，就算漢字或者語句的問題能夠靠搜尋馬上找到答案，閱讀測驗就很難搜尋了，因此這部分先撇開不提。

①搞清楚到底是哪裡不明白

不過，就算是因為「不會算雞兔同籠的問題！」搜尋雞兔同籠應該也解決不了問題。

因為根本不了解雞兔同籠是什麼樣的問題。

首先必須要能夠劃分出會算的問題與不會算的問題差異何在。

以這種題目來說，就是「或許是種類變成三種的話就不會算？」

又或者是「題目要用到比例就不會算了？」

請務必先弄清楚，到底是那裡搞不懂。

②搜尋為何會是那個答案及其解題方法

要找到跟自己不會算的問題完全相同的東西，是非常困難的。

因此最重要的，是搜尋解答方式。

在雞兔同籠的問題當中，如果不明白「使用比例」解答的方法，那麼就尋找有提到比例事宜的影片。

大家在日常生活當中應該也經常會去搜尋自己不明白的詞彙，但若是為了考試而用功，那麼應該會比較常搜尋解題方式或思考方式。

這並不僅限於算術科。

自然科學、社會或者國語也是一樣的，不要試著去找一樣的題目，而是尋找該單元中類似的問題，然後確認其他題目是如何解答的。

如此一來就能夠理解「原來如此！用一樣的方法就可以解出答案了！」

③在錯誤中嘗試關鍵字搜尋

應該要如何在搜尋引擎中搜尋，才能夠輕鬆找到自己想要的資訊呢？

重點就在於除了問題以外，必須要把「解法的線索」當成關鍵字。

以我身為寫文章的人來說，通常在撰寫部落格等報導文章的時候，會將問題及解答的關鍵字都寫在該頁面的標題上。因為這樣一來，網路上正在搜尋的使用者，才會認為「這裡有寫解答！」

因此尋找答案的人也要明白這點，再去進行搜尋。請使用問題以及答案，又或者是很接近答案的詞彙一起進行搜尋。

以前述例子來說，就是這樣：

問題：雞兔同籠計算的應用問題中有三個需要計算的對象，應該要如何解答？
答案：依其比例使用面積圖解答！

事實上就算搜尋「雞兔同籠 國中考試」或者「雞兔同籠 應用」，也很難找到當中包含需求資訊的報導或者影片。這樣搜尋恐怕只會出現一些雞兔同籠的應用問題，而且還不一定出現在搜尋結果的第一頁。

因此要輸入「雞兔同籠 比例」或者「雞兔同籠 三種 比例」去搜尋。

又或者是「雞兔同籠 不會算 面積 圖」等等也是可以的。

「不會算」也可以用「算不出來」之類，稍微替換一下說法或者用詞選字，那麼出現在比較前面的結果網頁也會不同。

就用這種方法不斷更改關鍵字，在錯誤中嘗試、直到想找的資料出現在搜尋結果的前幾名。

一般來說使用兩三個關鍵字會比較好，不過使用「計算」等動詞作為關鍵字搜尋的時候，不知道會出現「計算得知」還是「計算不出來」的結果，因此需要多方嘗試。

而找到的網頁上有沒有寫著自己想要的資訊，就要看搜尋結果畫面的網頁標題、和下面會寫出來的一小部分本文。除了「全部」網頁以外，也別忘了確認「影片」欄位。

在做這些事情的時候，很可能搜尋結果的前幾名也會跑出「雞兔同籠 平均」之類的詞彙。這樣一來或許就能夠察覺「這個問題該不會應用了平均計算法吧？」

這時候就變更原先預想的問題和答案。

> 問題：雞兔同籠的應用問題應該如何解答？
> 答案：使用平均計算來解開！

然後搜尋「雞兔同籠 平均計算」。

雖然學習的是雞兔同籠問題，但也會發現和其他單元是相關聯的。應用問題的解答經常有這種情況。以這種方式重複搜尋以後，就能夠不分單元進行學習。

④活用圖片搜尋

有時候只靠網頁和影片，可能還是難以找到有哪裡說明自己尋求的解答方式。

或許看了好幾個網頁、又播了好幾個影片，也還是沒辦法找到自己所需要的內容，這種時候我建議大家可以使用圖片搜尋。

在Google等搜尋引擎上面點選「圖片（Images）」的欄位，找到與自己搜尋的解答方式相近的圖片。

這是可以應用在自然科學或者社會科學學習當中的方法。

並不一定搜尋一次就能夠找到一個問題的解答。因此要能夠搞懂自己不會的題目，或許需要多花點時間。

然而在尋找雞兔同籠答案的過程當中，或許能夠順便理解比例、又或者是明白平均計算與雞兔同籠是一樣的解答方式等，可以讓孩子往前推展到其他單元的課程。如此一來，就能夠將所有單元及知識都連結在一起，也就能夠應付所謂的應用問題了。

搜尋自己不明白的知識需要忍耐力。孩子很可能會煩躁地想著「我累了！」這種時候，請爸媽陪著他一起搜尋。爸媽先自己搜尋，然後教導孩子解答方法也可以。這種時候如果能夠順便教孩子搜尋方法的話，以後孩子就明白要如何自己搜尋了。

POINT ①確認不明白之處 ②搜尋解答方式 ③關鍵字搜尋 ④圖片搜尋

專精喜歡的科目

有必要毫無遺漏地全部都苦讀嗎？

我認為不需要辛勞苦讀所有科目。應該專精在喜歡的教科上比較好。如果能夠在喜歡的科目上拔得頭籌，有時不擅長的科目也會變得比較容易。

其實對於所有教師來說，最困難的就是讓孩子有動力。

如果孩子沒有動力，那麼就算跟老師學習，也沒辦法學好。沒有動力的話就算勉強自己背起來，也很快就會忘掉。

如果孩子已經有動力了，那麼就是最好的情況。根本就不需要在意學生的年齡，無論孩子是低年級或者高年級生，他想學什麼就讓他盡量學。他可以持續預習新的進度，領先在其他孩子前頭。

喜歡的科目是有優勢的，這樣一來不擅長的科目也有時間去好好理解，是一個良好循環。

請務必嘗試「好，三個月內就只拚命讀喜歡的科目吧！」

這樣一來會發生什麼事情呢？

其實最有趣的就是，會連其他科目也都弄懂了！

說起來分科念書這件事情，只是一種學問上的分類。但是小學教導的知識並不是那樣專業的東西，反而大多是科目間相連的東西為多。

地圖的放大縮小是算術的比例問題；自然科學的實驗報告其實也就是作文。

這些教科之間並非毫無關係。

孩子們的好惡分明，會將所有事物貼上標籤，因此自己不願意去用功。

其實就算討厭數學，也不會因為某個單元有算術、或者解不出某個問題，就完全做不出任何數學題目。

反正所有科目都要學的話，那麼乾脆別把每個科目分開來想會比較恰當。

一頭栽進自己覺得開心的事情以後，應該就會發現自己先前覺得「好討厭！」的科目其實也和這些事情有關係的。

如果讓孩子自己念書，父母可能會相當不安，不知道他是不是真的有學到東西了呢？為了要將得到的知識及智慧刻劃在腦袋裡，請務必採取輸出學習。

比方說，將學到的東西寫成一篇文章。可以用稿紙、筆記本或者電腦都沒問題。只要是轉化成一篇文章，不需要拘泥於形式。

另外如果孩子已經是準考生，那麼也可以定期做個小測驗、模擬考之類的輸出，這也會成為在家學習的動機。

或許有些孩子很討厭寫文章。這種情況下可以詢問他「你查了些什麼？」讓他自己談論學習之事，效果也很好。

另外讓孩子畫畫、或者用素描等方法來整理資料，也是不錯的方法。

POINT

先讓孩子集中於喜歡的科目，並採取輸出學習

題庫✕搜尋

不做題庫就無法推展能力

首先，最基礎的方式就是「做題庫」這種古典學習法。

以題庫而非數位教材作為基礎，會比較容易掌握整體學習樣貌。

就算上了國高中以後，根據題庫來進行的自學自習仍然是不可或缺的工作。無論聽了多少老師講的課，只要自己不試著去解題，能力就無法有所發展。

其實有些孩子做錯的題目也沒有重做；不，甚至可能根本沒有去對答案。

然而我想大家應該都明白，題庫這種東西，不重做就沒有意義了。務必要把弄錯的部分做到會才行。

因此，不要只是買本題庫給孩子就算了，最好也要教孩子重做題目的方法。可以讓他重寫那些弄錯的題目，或者是做個小測驗。

除了國中入學考試以外，就算孩子上了國中，也可以用這個方法定期進行測驗。

如果是補習班的團體授課，那麼會先叫大家寫題目，然後進行解說。之後就讓孩子在家寫功課……一般來說是這樣的流程。

這不就表示，課程只要能夠聽過解說，那麼後續自己處理就可以了？

解說問題的課程，也只需要聆聽那些搞不懂的問題的解說就好了。

因此，在家裡一題接一題把題目寫下去，如果出現實在搞不懂要怎麼解答的問題的話，再用 Google 搜尋或者 YouTube 影片搜尋找出解法。

另外，也可以在類似「知識＋」之類的網站發問。這種情況下最快當天就可以獲得解答，也很方便。

如果這樣還是沒辦法清楚理解內容，那麼也可以留言給那些製作其他單元說明的影片製作者或者網站製作者，甚至是直接寫電子郵件給對方，請對方製作相關的內容。

製作者如果發現其他單元也有一定需求的話，就非常有可能會製作相關內容。

什麼樣的題庫比較好，端看每個孩子的需求不同。

不擅長科目的問題演練

孩子明明不擅長某個科目，卻還給他厚厚一本題庫的話，孩子肯定會覺得相當厭煩。因此建議孩子不擅長的科目，最好是比較輕薄而且孩子覺得簡單的題庫。日本有《國中入學考試 清楚明白易錯處》系列的參考書，可以用這類範圍較大的題庫來進行訓練。又或者是算術也有《思考能力算術練習題庫》系列這類每個單元各自為一本的輕薄題庫，孩子也比較不容易喪失學習意願。

另外，千萬不要準備好幾本題庫，應該讓孩子集中做一本薄的題庫，效果會比較好。**如果覺得「得要多念一些才行」的話，孩子就會感到不耐煩。**

不要擅自選購題庫給孩子，最好是一起去書店，讓孩子自己選擇。如果無法精挑細選出一本，那也可以挑出幾個候補，孩子選起來也比較容易。

如果最後只挑了一本來詢問孩子的意願，他很容易覺得「只是照媽媽的話做」而喪失動力。因此要讓孩子認為「我不是照媽媽的話做，是我自己選的！」而願意自己學習，訣竅就在於候補的題庫務必要有兩本以上。

中國有個叫做「作業幫」的課業輔助 APP。

這個程式是讓孩子把自己不懂的問題拍照上傳，之後會有人工智慧回傳解說。除此之外，如果讀了解說還是無法理解，也可以「召喚」線上家庭教師。

萬一真的需要的話，也能夠以便宜的價格（大約三十分鐘台幣兩百元左右）請老師指導自己不懂的問題。

我認為這對於在家學習來說，是相當劃時代的 APP。

日本也有類似的 APP。

比方說使用「Photomath」或者「Qanda」之類的程式，在裡面搜尋算數、數學的問題圖片，就會得到解題方式。

自然科學、社會科也可以使用國中生用的搜尋 APP（國中課程範圍和國中入學考試的自然科學與社會多少還是有些不同，但單元幾乎無異）。

使用這些 APP，就可以省去尋找 APP 的時間，能夠將時間都用來理解自己不明白的問題。

說老實話，目前APP要用來搜尋解答說明上還是會有些不完整的地方，不過我認為今後每個科目的品質應該都會逐步提升。

另外還有像是「Snapask」或者「StudyMetet」這類線上家庭教師APP（課業輔助APP）。如果有不懂的地方，可以使用這些APP馬上詢問，非常方便。

這類課業輔助APP想來今後會成為線上學習不可或缺的存在。

學習APP目前還在發展中，今後應該會開發出更加方便的好用程式，各位請務必經常確認最新的資訊！

POINT

先做題庫，不懂的問題再用「課業輔助APP」來學習

田野工作×搜尋

不想做題庫的時候該如何是好呢？

如果一直在家裡學習，有時候就算一直坐在書桌前也還是不知道該做些什麼。另外，應該也有些孩子只做題庫的話，始終無法把那些知識灌進腦袋裡。而且一直看著數位畫面，久了以後總覺得原先記得的東西也會開始變得七零八落。因此**實際上去接觸那些東西、進而理解，是非常重要的。**

還請回想一下孩子仍是嬰兒的時期。他的觸覺、聽覺都非常的敏銳，就算成長以後，孩子的肌膚和耳朵應該仍然具備纖細的感受。

一般來說田野工作指的就是具體的經驗，本書當中提到的田野工作，同時也包含了去植物園散步、到美術館或博物館參觀，甚至與他人見面也算在內。有了這些具體的經驗，應該也能夠切身記住與課業相關的知識。

在進行田野工作的同時用智慧型手機搜尋，這樣就算外出，也能夠同時學習。

家族旅行正是最大的學習機會

能夠一家人一起出去旅行，大概也就是孩子還在念小學的時候吧。等升上國高中以後，有許多孩子會表示「不想和家人一起出去旅行」。畢竟孩子是會成長的。

因此，最好在孩子還是小學生的時候，就盡量帶他一起去旅行。

若是能夠家族一起旅行，就可以打造出許多學習的機會。

讓孩子搜尋網路上的評價，一邊閱讀一邊尋找好吃的餐廳。

然後整合父母親及兄弟姊妹的意見以後，找到最適合的店家。

一邊看地圖一邊帶著家人走到自己想去的店家，沒想到那間店比想像中的還要棒。明白自己的眼光沒有問題，孩子會覺得自豪，家人也會相當開心。

那麼，就讓孩子寫一下感謝店家的心情作為評價吧。

以這種方式去旅行，孩子就算是在旅行當中，也能夠有所斬獲。

POINT

家人成功以田野工作「誘導」，孩子便能自然發展

該怎麼讓孩子吃下他不喜歡的蔬菜？

有些唐突地想問問大家，應該要怎樣才能讓討厭蔬菜的孩子乖乖吃菜呢？

比方說，可能是準備那孩子覺得好吃的蔬菜、又或者是把蔬菜加在他會喜歡的菜色裡面調配對吧。盡量燉到化在湯中，又或者是他討厭那個顏色，就把菜和其他顏色的食物混在一起。

這個道理也可以應用在學習上。也就是把不喜歡的科目換個型態放到他的面前。

舉例來說，如果眼前的孩子想做的事情是打棒球，那麼可以讓他聽聽美國職棒大聯盟選手所說的話，藉此讓他學習英文。又或者是讓他聽運動科學專家的講座、參加棒球選手的線上座談等，就能夠明白運動與科學有多麼息息相關。

接著若他能將學到的東西整理成筆記，也是練習作文的方法。

不要勉強孩子用功學習所有科目，建議家長只要將學問連結到他喜歡的事情上，孩子自然就會學習到每個科目的內容了！

動手做就能學習

各位是否曾經為了打造家裡的櫃子或者整修車庫，而在網路上一邊搜尋一邊做需要 DIY 的東西呢？

我先前也為了教育活動，因此在網路搜尋相關資料，然後整修借來的古民宅、耕種田地、設置薪柴用的火爐等等（雖然都只是些業餘工作）。

這種時候，網路搜尋真的非常方便。

而且除了方便以外，我認為有很多可以學習的事情。

現在只要在網路上搜尋一下，就會發現很多東西都可以自己做出來。

好比用 3D 列印創作出立體拼圖等，也是能辦到的。這可以說是學習道具也能夠自己打造了。

而最重要的是，近年來這種動手做便是學習的概念也相當受到矚目。[1]

1 慶應義塾大學綜合政策學系（SFC）的井庭崇教授編著書《創作學習》（慶應義塾大學出版會）中提倡此為將來的學習型態，乃是根據麻省理工學院的教育方法，提出「在一個集團當中透過創作某種東西來進行學習」的方法理論。

而且這與年級毫無關係，只要想做的事情都可以去挑戰。只要能夠認真做自己喜歡的東西，能力就會有突破性的發展。

像我的學生當中，有個女孩子非常擅長做首飾，因此她和母親一起把東西拿去市集販賣。結果賺了不少錢。因為這樣，孩子開始想在網路上銷售自己的作品，目前已經學習了製作個人網頁（HP）的方法、甚至自己開口說要取得簿記證照。

製作 HP 同時能夠學習國語；而簿記則與算術、數學相關，更何況這些東西使用的漢字也頗有難度。她是非常討厭課本內容的孩子，但為了自己喜歡的東西，卻拚了命地去學習。事情便是如此。

如果討厭念課本的內容，那麼我建議就讓孩子盡情去做他自己喜歡的東西。因為這樣能夠成為增加學習意願的動機。而且把完成的作品放到網路上讓別人看看，也會更加提升他的動力。

內容統整

＊以搜尋為主的線上學習搭配真實學習

（1）題庫╳搜尋……為了釐清不懂的問題而進行搜尋。

（2）田野工作╳搜尋……外出時遇到的所有事情都是學習的契機。

（3）動手做╳搜尋……邊做邊學的學習方式，無論是哪種孩子都會想自己去學。

我想如此一來大家已經能夠明白線上學習的活用方式了。那麼五類科目分別應該如何學習呢？有沒有什麼線上學習能夠讓孩子對於不擅長的科目，也可以開心念書的呢？

下一章開始要談的是讓不愛用功的孩子也能夠自己想去念書的線上學習法。

第四章

不去補習班就能準備五種考試科目的用功方法

本章介紹的是「用這樣的方法應該能讓不擅長念書的孩子也興起學習動力」，以及我自己在搜尋的同時編纂出來的線上學習做法。

這個方法不分年齡層，所有人都可以實踐。除了國中入學考試以外，用來準備高中就學考試也相當適合。

當然也可以用這些方法作為基礎，調整成最適合自己孩子的方式。

還請加以參考！

◁ 算數

不要用免費網站的計算練習題

算數的免費網站上會刊載許多計算問題。身為父母親，可能會希望他能夠弄懂自己不會算的單元。

話雖如此，為了學會如何計算，讓他寫一堆問題也毫無幫助。

埋頭苦寫計算問題，當然也是會得到某個程度的計算能力，但是這樣一來無法讓孩子磨練自己思考應該如何下功夫，才可以不費工夫計算便能得到答案的方法。這件事情遠比計算能力不足還要來得嚴重。畢竟入學考試可是有「時間」限制的，高效率計算的能力不可或缺。

因此，首先不要處理計算問題的解題，而是讓孩子看如何順利計算的說明影片。請找出那些針對孩子不懂的單元進行解說的影片。應該有很多內容不錯的東西才對。而且學校應該也發了不少計算練習題。如果再給孩子更多練習題，讓他寫一大堆練習的話，很可能造成他的抵抗心而變成反效果。

特殊計算要尋找容易理解的圖解影片

在家裡教算數，最麻煩的應該就是雞兔同籠或者工作量計算這類「特殊計算」。

「現在還不能用數學的方程式教孩子，那應該要怎麼教啊？」

我想應該有很多人都是這麼想的吧。

要解開這些特殊計算題目，最重要的就是能否以圖片來表示出這些文章題目。讀了文章以後，判斷出所有條件是要以數線圖、面積圖或者天平圖等，哪個圖才能夠表現並且解讀出答案，又或者是不使用圖片可以比較快解出來。

首先在遇到「要學新單元的特殊計算了！」的時候，可以先看一下解說影片。

當然基本上，特殊計算也是要使用題庫來逐步學習。

另一方面，有時看影片對孩子來說會比讀文章來得容易理解。

如果是剛開始學習的單元，先採用影片來理解整體樣貌以後，去寫題庫也會變得比較容易。

同時，雖然在補習班當中學習特殊計算的時間是小學五年級～六年級夏天這一年半的時間，也不需要完全按照課程安排來進行。可以在小學四年級的時候就先預習過，也可以完全不管課程先後順序，想做哪個單元就先做。

或許有些題目是做了才發現根本不會。

也可能是「我想算算看雞兔同籠問題！唉呀，可是我根本不知道什麼是比例。」

這樣一來只要先去學比例就好了。與其按照順序去用功，還不如讓孩子順著自己「想做做看！」的意願去推進，效果會更好。

當然，還是要留心哪個單元還沒有學習，可以在題庫的目錄上面做記號來進行管理。

觀看能夠掌握數學整體樣貌的影片

有許多小學生會抱怨：「為什麼一定要學算數啊？」

算數、數學是如何發展的；要如何要應用到生活當中；在大學當中學習的數學又是什麼樣子的……？

其實網路上有相當多影片是在解說算數、數學的深奧世界，可以讓孩子看這類影片，提起他們的好奇心，順利的話他們或許就會覺得「我想做數學！」

一旦如此就太棒了。跳過算數，直接開始學習數學也很好。

學習數學本身，也必須要先理解算數。高中數學的規則性及數列，也經常會出現在國中入學考試當中；如果能夠理解一次方程式，那麼使用了□的式子或者消去法的題目也都能解開了。

當然如果看了以後孩子仍覺得「唉好難喔，還是得從算數做起……」那麼回到原點也很好。這畢竟還是能夠成為一個契機，讓孩子明白自己在做的究竟是什麼。失敗本身也是一種學習。

算數的學習 APP 相當充足

討厭題庫的孩子，也可以讓他使用 APP 來學習。

不知是否因為 APP 開發者通常也擅長數學（畢竟大多是理工科的人），算數的學習 APP 當中有許多品質良好的程式。

比方說，搭載有人工智慧的算術APP，可以從孩子做錯的題目當中分析出孩子不擅長哪些單元，自動遴選出需要的問題。因此不需要做太多不必要的問題。

與其沒頭沒腦地一直寫問題而感到厭煩，還不如一開始就用APP，只在最低限度就達成學習目的……這樣不是相當明智的做法嗎？

打造IP免費學習寫程式

目前程式設計在小學已經是必修課程。甚至有「讀、寫、程式設計」的說法，證明程式設計在次世代的基礎學習當中相當受到矚目。

或許有人會覺得「讓孩子去程式設計補習班是不是比較好呢？」但其實程式設計這方面，在網路上的免費網站就能夠學到很多東西了。

相當了解程式設計的人們，毫不吝惜自己所知，免費在網路上公開了如山一般高的各種程式設計學習資訊。

打造電腦的方式、寫APP的方式、製造機器人的方式等，各式各樣的資訊在網路上流竄。用這些東西來學習、打造自己的HP，整合自己學到的東西，如此也能夠訓練作文能力。

在去補習班以前，要不要先試著用免費公開的程式設計資料來學習呢？

◁ 國語

寫成文章的一切都是在學習國語

看了影片才知道的事情、田野工作發現的東西、讀解說以後理解的道理，把這些內容寫成文章，結果上來說可以連結到國語學習。

國語可以說是回收所有學習項目的科目。

因此除了國語本身以外，學習其他科目的時候，也要整理成文章。

撰寫關於水溶液中和的邏輯；表述墾田永年私財法如何改變社會等，把這些內容寫成一篇文章，除了可以加強理解內容以外，也可以訓練作文能力。

而且能夠寫文章以後，也會比較理解書寫者的心情，如此一來在解答問題的時候也會更加容易，很自然就可以得到閱讀能力。

這樣理所當然就會成為國語學習。而且效果十分顯著。

投稿給小說網站，目標是一炮而紅的中學生

有一天，我和一些就讀私立中學的國中一年級男生談話。他們剛考完試，所以非常悠哉的樣子。

「老師，你有沒有什麼有趣的事情啊？」

「有趣的事情？對了，要不要一起寫輕小說？順便投稿到『成為小說家吧』那個小說投稿網站上，要是出版社看到了，搞不好能出版呢！」

其實我只是隨口說說而已……。

沒想到他們竟然認真地回答：「好耶，來試試看吧！」從構想到插圖全部都是他們自己摸索，以共同創作的方式開始寫起了作品（目前連載到第十二節）。

最近有些大學入學考試也要求要寫故事，因此這無法說是與考試完全無關。也推薦大家可以看一些「獎金獵人」之類的網站，去應徵有獎金或獎品的比賽。在試圖一獲千金的同時，也可以自然擁有撰寫文章的能力。

使用免費的附讀音數位書籍

小孩子沒辦法讀書、或者不想讀書，通常是因為看不懂還沒學過的字而覺得非常麻煩的樣子。而數位書籍可以設定加上讀音；或使用朗讀功能；而且電子書也附有字典功能，因此讀書的難度真的降低不少。

我有個小學六年級的學生，他在疫情停課期間關心起了投資話題，因此開始閱讀那些可以免費拿到的投資相關電子書籍。投資資訊的書籍裡有許多外來語和較為抽象的詞彙，因此讀的時候似乎並不輕鬆，但他因為真的有興趣，所以一邊搜尋資料一邊讀。另外，在搞不太懂內容的時候，他也會去找 YouTube 上面講相同內容的影片，盡可能抓到重點。

在慢慢了解投資方法以後，他現在已經開始購買評價較好的入門書籍，四下尋找可以閱讀的紙本書。

像這樣不分年齡，只憑藉好奇心去讀書，真的是相當理想的一件事情。

不討厭漢字的方法

其實就算是紙本書籍，也能夠馬上在網路上尋找自己不認識的漢字。

有一個 APP 叫做「漢字圖片搜尋」，將不認識的漢字用照片拍起來，這個程式就能告知這個漢字的讀音。

只要有這個程式，就不能說「我沒學過所以不知道！」了呢。

如果在讀書的時候遇到不明白的字，就馬上學起來吧。

只要養成習慣，依照自己的步調去搜尋然後學習並記憶，漢字考試也就沒有那麼可怕了。

畢竟在學校教之前，就已經會了呢。

不需要配合學校的進度。孩子應該要盡量讀書、然後盡量學習漢字才是。

「但是我家孩子看到書就討厭呢……」

如果是這種情況的話，那麼就要用到「田野工作×搜尋」。

比方說搭車的時候，如果孩子問「那個看板要怎麼念啊？」就用手機拍起來然後搜尋！

想來討厭漢字的孩子應該也會開開心心地學習。

▲英文

靠著影片學習，小學生也能考英檢三級！

最近越來越多孩子才小學就取得英文檢定合格證明。

但絕對不可以讓他們像是國高中生那樣，強背英文文法。這樣他們會討厭英文的。

文法記個大概就可以，應該要有「讓英文音調進入身體」的感覺，以音讀、聽力為主來進行學習。這樣一來就能夠輕鬆通過英文檢定。

這時候要使用的，就是 YouTube 和英文 APP。

只要用 YouTube 跟讀[1]英文單字和文章，不知不覺中就會讀英文了。英文檢定三級的程度，大概用 YouTube 就可以解決了。

1　一邊聽英文的發音，比講者慢兩三個字念誦的音讀學習方式。據說是因為模仿對方的聲音，能夠進步快速。

另外，與其聽日文解說，還不如看英文母語的解說，種類會更加豐富。而且頻道也比能說英文的日本人來得更多，因此想學習道地的英文，真的非常推薦看 YouTube。

或許影片對於孩子來說可能會有一點難度，但是看看講者的表情或動作，還是多少能夠明白內容的。

如果想更深入學習文法或者英文單字，那麼也可以使用 APP。除了英文檢定專用的 APP 以外，也有許多種類豐富且品質良好的 APP。

APP 學習大多容易很快感到厭煩，因此先設定好要考過英檢這類目標，應該就比較不會受挫、能夠持續下去。別說是三級了，甚至可以繼續往更高的目標邁進。

英文 APP 在國中以後也還是相當重要。像是 BBC 的學習 APP、Cake、Duolingo 等等，真的有很多這類免費又品質良好的 APP。

只要有「喜歡英文！」這種動機，那麼免費學習英文的環境早就已經存在了。

拼圖╳英語學習 math puzzle

拼圖是一種在孩子不怎麼想念書的時候，相當有幫助的東西。
而且這種東西還能夠順便做算數。
對著要考國中入學考試的學生說「好了，來做點算數的題目吧。」
他們可能會說「我沒心情」而表示拒絕。
只要改成說「那我們來玩拼圖好了？」
多半會說「也好啊。」而願意動手。
拼圖是非常棒的緩衝材料，在開始處理困難問題以前，也能夠讓腦袋稍微活性化一些。

如果事先準備好幾個孩子會喜歡的拼圖，就可以拿來作為讓孩子切換到「認真開關」的工具，所以可以多準備一些。

市面上有販售許多立體拼圖，也有像是《拼圖大全》這類系列參考書。另外，在網路上搜尋「拼圖問題」應該也會找到不少免費的拼圖網站。當然也有很多拼圖APP。

我推薦的是「math puzzle」。

請試著用英文搜尋「math puzzle」，應該會出現比日文網站更多的拼圖網站。這是理所當然的，畢竟英語圈的人口比較多，而拼圖和算數這類東西可是世界共通語言。

而且做英文網站的拼圖，也能同時學習英文。就算看不懂英文，使用翻譯APP的話就能夠大概理解內容了。

如果孩子喜歡英文而討厭數學；又或者喜歡數學卻討厭英文的話，也非常推薦這種方式。

又或者也可以用英文搜尋其他科目看看喔？

《哈利波特》系列免費有聲書

有個好消息要告訴喜歡《哈利波特》系列的孩子們。

只要念你最喜歡的《哈利波特》，就可以學英文了。

方法是這樣的，只要一手拿著原文小說、一邊聽朗讀網站朗讀。如果已經將譯本念得滾瓜爛熟，那麼就算聽的是英文朗讀，應該也會大概知道劇情演到哪裡了。

另外也可以看有英文字幕的「哈利波特」電影來學習英文（有一些串流網站可以將字幕設定為英文）。

在反覆觀看的同時，或許也能逐漸不需要字幕。

以往曾有過風潮是看外國連續劇來學外文，這也是差不多的道理。

如果有很喜歡的娛樂活動，就用來學習語言。不管是連續劇、電影還是動畫，都是很棒的契機。

喜歡的東西可以看很多次也不會厭煩，沒有比這更棒的學習方式了。

用影像通話找到「協力夥伴」

開始學習英文以後，就會覺得很不安，不知道自己所學的東西是否能用來和外國人溝通呢？因此會想跟別人說說話。用來解決這個煩惱的就是名為「Tandem」的語言交換APP。

「Tandem」這個語言學習媒合APP是讓大家在上面尋找想學日文的人，互相教導彼此想學習的語言。

這個APP可以免費使用，不過說老實話要在裡面尋找想學日文的人是有點困難。

但是也不需要特地去尋找其他 APP。

因為還是可以用其他方法找到符合自己需求的夥伴。

我就介紹一下自己的學生實際上的案例。

一個將升上國一的男孩子由於父親的工作，必須要搬到德國去。但是他不會德文也不會英文。

因此他靠著母親朋友的介紹，成功認識一個居住在德國的國中二年級男生。

這個男孩子的父親是德國人、但母親是日本人，不過他一直住在德國，所以幾乎不會說日文。但他似乎對於日本的藝人非常有興趣，因此他們運氣很好地找到了能夠符合彼此需求的對象。

兩個男生就定期以視訊聊天，用日文、德文、英文混雜在一起交談。

學生的目標是在一年後去德國之前，能夠流利地說德文。雖然目前只有拚命聊遊戲、漫畫、音樂的話題，但確實是在學習語言。而且沒有人強迫他，是他自己想要學習的。

就像這種情況，如果能夠遇到對日文有興趣的當地孩童，那麼就能夠累積對彼此都有幫助的學習經驗。

可以試著從朋友或者工作夥伴的關係去尋找這類人，也可以利用「青少年筆友俱樂部」之類的單位，先試著從筆友做起如何呢？

◁ 自然科學

實驗影片學習

自然科學和社會都是非常容易執行搜尋學習的科目。因為題庫、田野工作（實驗）、動手做（寫報告）全部都可以羅織進學習過程。

首先是「題庫×搜尋」，根據實驗和觀測就可以解答許多問題。這時候可以使用四谷大塚出版的《預習系列》這類附解說的題庫，會比較方便。畢竟希望只要稍微念點書就可以銜接入學考試，因此請特別小心不要買那種只寫了一問一答的問答題形式的參考書。

在解答問題的過程中，如果有不太了解的單元，就尋找該單元的實驗影片。大部分情況下其實看過影片以後，就比較容易理解了。

另外，如果孩子有動力的話，也會自己進行實驗。這正是一邊搜尋一邊進行實際體驗的

「田野工作×搜尋」。

最後應該也可以把這些事情都寫成一篇文章。又或者是把自己的實驗拍成影片也很不錯（這屬於「動手做×搜尋」的範圍）。

如果提點孩子「這也可以當成學校的自由研究交出去呢！」孩子也會比較有願意去做的心情（似乎是因為他們覺得「可以順便把功課寫完真是一石二鳥！」）。

如果孩子受到題庫或影片的刺激，因此覺得「似乎很有趣！」、「我想做做看！」而意圖進行實驗的話，請不要覺得麻煩，一定要幫幫他。

親切幫助孩子進而讓他的學習有所成長，孩子在發現這點之後一定會心懷感激的。

一邊散步一邊搜尋圖片！

小學升上高年級以後，或許會想著「該來好好念自然科學了！」然後翻閱著課本。結果……竟然看到一大堆花花草草的名字。

「天啊！這些全部都要背起來嗎？又不知道考試會考哪些……」

如果沒頭沒腦的死背，或許孩子會開始討厭植物。

學習當中只要萌生了「好討厭！」的心情，之後就會變得非常麻煩。

那麼不如去散步或者登山，在路上偶然看到的植物就開始搜尋，這樣學習植物還比較健康。這種時候最有用的就是圖片搜尋 APP。只需要拍攝照片就可以搜尋植物的名稱。專門搜尋植物的 APP 有「PictureThis」、「GreenSnap」、「植物網」等，讓孩子用他喜歡的就可以。

在散步的同時獵捕植物，就能在不知不覺間記下植物的名字了。用身體快樂記憶的東西，也不容易忘掉。

◁ 社會

歷史影片是超越漫畫的教材！

如果希望讓沒有閱讀習慣的孩子學習歷史的話，先前都是推薦大家使用《學習漫畫　日本歷史》（講談社、集英社等出版）。

但現在也有很多孩子是用歷史影片學習的。

以 YouTube 為主，網路上有非常多歷史影片。

這些影片大多非常具娛樂性、看起來相當愉快，就算是討厭書本的孩子用來學習，也不會讓他們感到厭煩。

不需要在意進行日本史解說的影片本身是否設定收看對象為高中生，畢竟影片能夠自然讓孩子吸收各種知識。

不過，等孩子看完以後，記得詢問他「剛才的影片在說什麼？」

不要影片看完就算了，要聊一聊內容、或者是寫成一篇文章，這樣才能夠讓腦中的知識穩固。

這個方法最重要的一點，就是必須用那種能夠掌握歷史整體樣貌的影片。細節的部分要等到能夠理解歷史流向以後再來看。如果一開始就是分析細節，大多孩子會覺得不耐煩。

另外，有些影片或許會出現錯誤的解釋。如果覺得好像怪怪的，那麼就一起搜尋資料進行調查吧。假設發現真的有錯，那麼也能夠加強孩子對於歷史的理解。

另外，看了好幾個影片以後，孩子如果開始製作起自己比較喜歡的時代、又或者喜歡的歷史人物的影片的話，那就更加有趣了。

做影片很難嗎?不會，才沒有那回事。

如果使用「iMovie」這類智慧型手機 APP 的話很快就能做好了，總之只要開始動手做，就可以了解大致上的製作方式。當然，也可以使用文章的形式來整理學習內容。

無論如何，只要採用影片學習為主的話，請徹底執行將學到的事情重新輸出這個步驟。

涵洞散步能夠提升地圖閱讀能力

所謂涵洞是指開發下水道時那些被掩蓋的河川。

如果調查一下住家附近那些彎彎曲曲的道路，會發現過去它可能是一條河川。

我也經常讓學生去涵洞進行田野工作，手上拿著古地圖，一邊散步並想像著眼前的河流，這相當有趣而令人感到興奮。腦中可以天馬行空想像過去的事情，心情上就像穿越時空回到過去一般。

這個田野工作工作可以學習閱讀地圖的方法，同時也能夠更加了解地形。另外如果同時搜尋那個場所過往是什麼樣子，也就可以同時學習歷史。

親子一起由零開始挑戰或許會有點困難，不過網路上有很多關於涵洞的「涵洞粉絲」整理的網站，而且許多附有照片。

網站上通常已經有整理好涵洞相關的道路、那個城市的歷史等，內容非常詳盡。

這當然只能夠用來作為社會學習的工具了。還請試著搜尋一下自己所在城市的涵洞吧。

▽所有科目共通

五個教學科目學習循環

將前面介紹的方法綜合在一起，就可以學習全部共五個科目。

①題庫╳搜尋

算數、自然科學、社會、math puzzle

②田野工作╳搜尋

實驗、涵洞田野工作、逛大街、自然體驗

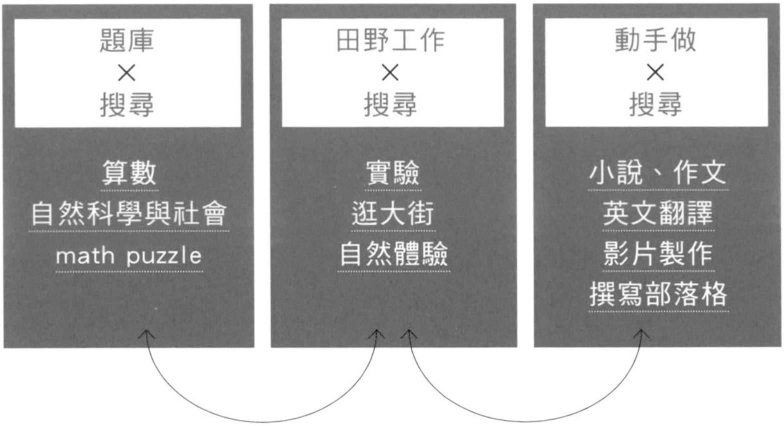

③動手做×搜尋（整合學習內容）

英文翻譯、撰寫小說、作文、製作影片、撰寫部落格

建立學習計畫的時候可以照①～③的順序循環。

搜尋的時候可以找影片，也可以找網站。當然除了國語以外，也可以搜尋英文資料。

搜尋以後進行輸出，基本上就可以同時學習英語和國語。

將內容整理成文章的時候，不管是用手寫還是打字，甚至用智慧型手機滑動輸入也可以。

最後再把所有內容都整理到部落格上也很好。畢竟有人看的話，會比較想寫。若是讀到內容的人加以稱讚、甚至留下肯定性留言就更好了。

這個學習循環可以一路用到大學考試，具備著所有學習者都應該實踐的價值！

成為孩子的老師

大家有沒有體驗過學生時代教朋友念書，結果自己更加理解內容的經驗呢？教導他人對於教導的人來說，能夠受益更多。

我自己也常在教導學生的時候，常常體會到忽然明白更多道理的情況。經常感受到：「噢，原來如此！就是這樣啊！沒有錯！」

因此若孩子自己成為老師，那麼他的學習是否也會更加深入？

比方說，小學六年級學生將自己所學的東西投稿到網路上，那麼小學五年級學生就可以作為學習參考。投稿的本人也會因為將內容輸出，而對於自己所學的內容印象更加深刻。

另外也可以使用影像通訊，讓高年級學生教導低年級學生。如果對此有感興趣的朋友，那麼就有嘗試的價值。

這對於被教導以及教導他人者雙方來說，都是相當有意義的方法對吧？

第五章——考試總拔得頭籌的孩子們手機裡有什麼

讓用功念書更進一步的智慧型手機設定

可以給孩子智慧型手機嗎？

或許會有人覺得，就算是為了學習，給小孩子手機真的好嗎？我認為給孩子智慧型手機或者平板電腦，是沒有什麼問題的。但是當然有附加條件。就像是把孩子的房間打造成適合學習的環境一樣，智慧型手機等**數位機器，也必須要好好設定為學習用途才行**。

如果孩子平常在使用的智慧型手機，裡面裝了許多可以自由觀賞連續劇或電影的影片APP、又或者遊戲類APP和學習APP在同一個畫面上，那麼就像書桌上同時散落著玩具是一樣的。

另外，如果讓孩子使用父母親的手機，那會有更多問題。比方說父母自己工作上需要使用手機的時候，孩子卻不願意交還。又或者他隨意開啟裡面的APP，也相當麻煩。

為了解決這類問題，必須設定好一台專門用來做學習使用的手機，斷除不需要的資訊，讓孩子能夠毫無壓力、一心集中在學習上。

一台手機就能夠進行線上學習嗎？

從結論來說，只要一台手機就能夠充分進行線上學習。

但有時候設定上會需要電腦，但這樣也只需要用爸媽的電腦就好。

若是孩子平常要使用的機器，那麼手機或者平板電腦都可以。

如果通常是在田野工作當中使用，那麼手機會比較方便；若是覺得畫面大一點比較有利學習，那麼就將平板電腦或者電腦設定為學習用；希望能看到更大的畫面，就連接到電視畫面上[1]。

上了國高中以後幾乎就會以手機為主，為了早點學習，因此也希望孩子能盡早熟悉智慧型手機。不能讓他發現手邊的智慧型手機也可以作為遊戲的工具以後，就把寶貴的時間都浪費在與學習毫無關係的遊戲上。

1 將智慧型手機和電視機螢幕連線，讓手機的畫面出現在電視畫面上。可以使用有線連接，也可以用Wifi或者藍芽對接。

提升教育效果的五大重點

為了讓孩子集中精神學習，要「打掃」智慧型手機內容的話，首先應該要做的就是刪除不需要的 APP、以及追加能夠擋下不必要資訊的 APP。

給孩童使用的基本設定，只需要搜尋一下大概就能找到了，所以此處就省略。

針對「這樣應該會有教育效果吧？」的設定有五大重點。

＊不要裝娛樂、SNS 的 APP。
＊最低限度的 SIM 卡。
＊使用關閉通知功能。
＊在瀏覽器上追加過濾功能。
＊把喜歡的網站加到最愛。

包含所有原先安裝在手機上的 APP 在內，必須盡可能刪除電視與遊戲相關的娛樂 APP。

將數位機器交給孩子之前，請先設定好。

不要裝娛樂、SNS 的 APP

遊戲 APP、影片轉播服務 APP、Twitter 或 Instagram 等 SNS 的 APP 全部都不要安裝。

遊戲當中有一些是能使用在學習上的。遊戲性高的學習 APP，請父母與孩子討論這對於哪一個學科會有幫助，雙方都能接受以後再安裝也很好。

我只要遇到學生說「想玩遊戲」的時候，就會讓他實際玩一下，確認那個遊戲可以提高學生哪方面的能力。如果覺得「這再怎麼玩也沒辦法拓展孩子的能力」，那麼就會提點他「這玩了也沒用」。

另外，有些人會認為要和朋友連絡，就需要 LINE 這類聊天軟體，但基本上我站在反對的立場。如果需要使用 LINE，那麼請準備另外一台機器，又或者是使用父母的手機。

也許有人會覺得「有必要做到這種程度嗎？」但因為這種軟體只要安裝上去，孩子就會三不五時想要看一下，這就跟不要在念書的房間裡面放電視遊戲機是一樣的道理。

最低限度的 SIM 卡

既然只作為學習用途，那就不需要插入有電話號碼的卡片，只要能夠連接上家中的 Wifi

就可以了。

不過可能會有人還是想要把手機當成連絡孩子的工具。這種情況下，我建議使用的是「通話＋最低流量的資料傳輸用 SIM 卡」。這樣一來孩子外出，也可以使用手機聯絡。另外也可以有最低限度的搜尋功能，如果外出時想要搜尋也很方便。另一方面，因為流量低，所以也無法觀看時間超過一定長度的影片。在家裡就把手機的通話功能關掉，直接連家裡的網路來看影片。

雖然就算有這些設定，還是可以使用外面的免費網路來玩耍。關於這點我認為應該要一家人決定好規則，並且先講好若是打破規則的話應該怎麼辦。簽一份「契約」也很有趣。如果還是擔心，那麼連絡方式就使用孩童手機，而學習手機仍然準備另外一支就行了。

使用關閉通知功能

為國高中生授課的時候，經常會有手機連續響起、妨礙上課的情況。這通常是 LINE 或者 Instagram 等 SNS、聊天軟體的通知，真的非常阻礙學習。

因此，安裝好的APP，基本上都要設定成關閉通知。

當孩子集中精神學習的時候，無論有什麼事情最好都不要妨礙他。只要準備好一個能夠長時間集中精神的環境，那麼孩子自然會有所成長。

為了這個理由，除了管理時間用的鬧鐘功能以外，其他通知全部都要關閉。

POINT

孩子的手機要設定成學習專用

在購買手機的時候，應該有很多人會使用通訊公司的「安心過濾」服務吧。這樣一來就能夠擋掉大部分有害網站。

另外希望大家也要評估一下加入手機的，就是「廣告過濾功能」。

在網路上搜尋的時候，總會看到一些廣告。

而且不管有多麼專心一致，還是沒什麼效果，因為忍不住就會看向廣告。

但是絕對不能讓搜尋真正的目的就這樣迷失在廣告當中。

Chrome 或者 Safari 這類網頁瀏覽器，都有盡可能阻攔廣告的 APP 或者相關功能可以使用。

比方說 Chrome 可以安裝擴充功能來阻擋廣告、也可以免費追加 YouTube 廣告阻攔程式。

另外也有像是 Kiwi 或者 Brave 這類一開始就裝有廣告過濾器的瀏覽器。

這些都是免費的，可以多試用一下看比較喜歡哪個。

把喜歡的網站加到最愛

先前做的「打掃」工作都結束以後，最後是要整理「書架」。智慧型手機的「書架」是什麼？那就是您所使用的瀏覽器當中的我的最愛。

先把網站加到我的最愛裡，就不必所有東西都從頭開始搜尋了。

平常當成辭典般經常使用而喜愛的網站，就全部登記上去吧。資料夾可以用學科來分類就很方便。

為了要讓孩子能夠自己加最愛，一開始可能要先教他做法。畢竟要縮短搜尋工作的時間，最好還是讓孩子盡快學會把網站加到我的最愛才是。

YouTube 廣告對策

要使用 YouTube 幫助學習，就必須排除廣告等不需要的東西。

或許有人會覺得「是不是只要登錄孩童專用的 YouTube Kids 就好了？」但這麼做的話，就只能看到專門做給孩童看的影片，反而會因為看不到想看的東西而陷入困境。

那麼可以使用 YouTube 的家長監護服務嗎？這也會變成每看一個影片都需要經過家長的

許可，管理上會非常麻煩。
當然也可以直接購買 YouTube 的加值服務，完全阻斷廣告。
不過如同前述，也可以在瀏覽器上面加裝阻攔廣告的服務，又或者使用不容易看到廣告的瀏覽器等，這樣一來就能夠擋下大部分的廣告。
以現況來說，我認為追加廣告阻攔功能是最簡單的設定了。
另外，為了避免孩子下意識地去看其他相關影片，最好也關閉自動播放功能。

POINT
在設定上刪除不必要的APP、追加可以阻攔無用資訊的APP

應該什麼時候使用智慧型手機

手機要放在大人可以看得到的地方

當孩子在家裡使用手機的時候，要讓他在客廳等有其他家人的地方使用。最好不要讓他拿到自己的房間裡。

畢竟在網路上搜尋資料的時候，很可能會下意識地就點下相關網站或影片的連結，喪失了原先的目標。

話雖如此，如果使用內容控制軟體而其功能太強，反而可能會變得相當難搜尋。

解決方法就是只裝能夠擋下廣告和違法網頁的 APP，畢竟還是要以容易搜尋為優先。畢竟不管怎麼做其實都能投機取巧走漏洞，沒有辦法完全防範，因此限制使用場所，藉此來保護孩子。

那麼，若孩子說「我想在自己的房間裡用！這樣我比較能集中精神！」的話又該怎麼辦呢？

最好的辦法就是全家人一起決定好規則以後，告知孩子使用目的與限制時間等。

這類規則，一定要全家人一起討論以後來決定。

必須要把孩子當成大人一樣來討論事情。就算是不小心，也絕對不可以擅自決定規則然後強迫孩子遵守。必須小心不能夠剝奪他們判斷的時間。

相反地或許也有孩子認為「媽媽決定就好了」而傾向交由別人決定。為了孩子的學習生涯，最好還是避免這麼做。

全家人一起思考，讓孩子也一起思索這件事情。或許會多花點時間，但這個討論本身也是讓他學習的一種過程。

簡單地說，就是直接採用民主制度。家裡每個人「每票的重要性」都是一樣的。大家平等對話，打造出所有人都不會因此而吵架的規則。

可以的話，手機的使用規則最好是全家人通用。也就是說，父母親的娛樂也必須要跟著配合……。畢竟如果只限制孩子，實際上就不是真正的平等了（或許這非常困難，畢竟只是我的理想理論）。

一開始要決定規則的時候或許也會不斷受挫。

可能會遇到「啊！你又擅自玩起遊戲！」或者「為什麼只有姊姊可以看自己想看的連續劇！」之類的情況，只好隨之修改規則。但就這樣修改到全家人都能接受吧。

畢竟這是只有一家人要使用的規則，可以馬上修改的。

不要強制逼迫孩子說「不可以玩手機遊戲！絕對不行！」請一邊體驗這種趣味，一邊進行「法規修正」。

也可以稍微模仿一下國會那種表決，這也是一種學習。

規則成立以後就貼出公告共享（也可以設定成手機的待機畫面）。

以這種有趣的方式教育孩子，想來他即使在反抗期以後也能夠好好管理自己的。

無論如何，最重要的就是全家一起決定規則，然後照規則去使用。畢竟是一家人，所有事情都要講清楚、說明白，同時這也是教導孩子依照規則行動重要性的好機會。

POINT

手機基本上要在有大人的地方使用。在房間裡使用的規則要全家人決定

＊學習用的智慧型手機至少該裝哪些 APP ＊

・圖片搜尋 APP……植物搜尋 APP、算數及數學的搜尋 APP、漢字圖片搜尋 APP。
・瀏覽器（附阻攔廣告功能）。
・撰寫文章用的 APP。
・電子書籍 APP。
・錄音 APP。
・地圖 APP。
・影片編輯 APP。
・Google 帳號。一開始要決定規則的時候或許也會不斷受挫。

第六章

要如何跨越在家學習的極限

在家學習的極限

親子無法跨越的線上學習障礙

如果一直都是親子在家學習，最後還是會陷入困境當中。

「明明是在幫孩子上課卻不知為何就吵起架來。」

「我在工作的時候孩子卻跑來問問題，這樣有點麻煩。」

我經常聽到大家提出這些問題。

就算線上學習已經變得比以前方便許多，還是會有親子無法一起跨越的障礙。尤其若孩子的目標是國中入學考試的話，更是嚴重。

具體來說可以整合為以下三點。

＊沒辦法追上不擅長科目的進度。

＊無法處理考試需要的念書內容（研究考古題等）。

＊逐漸無法確定親子一起學習，是否真的有效果。

就算盡力搜尋，也可能難以核對算數或自然化學的應用問題、又或者是國語的問答題。畢竟搜尋還是有其極限的。

這樣一講，或許大家又會想「果然還是應該送去補習班吧？」但若去了補習班，就要上那些他人決定好而不必要的課程，肯定會剝奪孩子集中在自己想學之物的時間。

另外，就算是去了補習班，也不可能就完全停掉先前所做的線上學習吧。那麼應該要怎麼做，才能夠持續目前的做法，又跨越在家學習的極限呢？

POINT

了解線上學習有其極限也非常重要

應該要如何跨越國中入學考試

考試的出題範圍一般都是在幾年級的時候學？

特別是針對國中升學考試，必須要有一定戰略。

首先，補習班會以何種課程來學習各單元？這又和考試有什麼樣的關係？想當然爾必須要先了解這些事情，以下簡單說明。

考試的題目主要出自小學五、六年級的範圍。

以下根據四谷大塚補習班的課程大致上向大家解說。

＊國語：慣用句、文法、漢字、閱讀測驗。

＊算數：特殊計算、計算、圖形問題等。

＊自然科學：生物、地球科學、化學、物理四個領域。

＊社會：地理、歷史、公民三個領域。

這些在一般的大型連鎖補習班當中，是安排在「小學五年級二月到小學六年級七月」之間學習。

以上的科目及單元當中，如果有「我家孩子相當不擅長這個呢」或者「自學好像很困難耶」的情況，可能就要借助專家的力量。

那麼，是否應該在小學五年級的時候就趕快讓他去補習班？當然也不是這樣的。

要依賴專家的時機有兩次。

一次是小學五年級春天。在剛開始要學習小學五年級單元課程的時候，只尋求不擅長科目的教學。

另一次是小學六年級的夏天，這是研究考古題的最後階段，這時候可以請專家傾囊相授。

以下依序說明。

小學五年級春天的重點照護

想開始教導孩子小學五年級的單元時，會出現許多家裡無法應付的狀況。

孩子可能會不想和父母一起學習；又或者是內容過於專門而使父母也無法教學等，理由真的五花八門。

因此我要告訴大家的方法，是在學校開始教育的同時，只重點照護孩子不擅長的科目。這種方法到了高中入學或者大學入學考試都還是通用。

＊首先，孩子到小學四年級以前都很喜歡的科目，可以利用線上學習盡可能往後面預習五年級和六年級的進度，如此一來就可以比較悠哉地處理不擅長的科目

有件最重要的事情！就是不可以讓孩子對於他不擅長的科目抱持自卑感。如果孩子覺得討厭，那就讓他稍稍有點動力就好，畢竟是一定要做的東西，很可能會陷入過於勉強孩子的狀態。這樣一來成長率相當差，而且接近考試時間時會變得非常麻煩。

在小學五年級以前絕對不要讓他們內心有著毫無意義的自卑感，這點是最優先的。

＊升上五年級以後，只有感覺比較危險的不擅長科目需要委託專家

建議的課業學習方式有三種。

①團體授課的課程中的單項科目。

②有個人指導的補習班、家庭教師。
③線上家庭教師。

①就算是團體授課，可以的話也請選擇能夠只上單一課程的補習班。如果所有科目都要聽，那就連孩子喜歡的科目也得從頭聽起，效率實在太差了。

②以個人指導的方式，讓孩子只需要學習他不擅長的單元。如果在線上學習遇到怎麼樣都弄不懂的地方，只要加入個人指導就解決了。這個方法可以重複使用。

③如果是線上家庭教師，那就更容易依照自己需求去委託了。可以先找幾位自己喜歡的老師，如果覺得困擾的時候就請對方重點教授，這樣就可以長期學習、而且費用上也比較節省。

這個重點照護的方法由於只需要請人教孩子他不擅長的科目或單元，因此可以降低費用負擔。

接下來介紹小六夏天開始紮實學習的情況。

＊到小六夏天前為止，將補習班安排在小五～小六第一學期的課程單元，都以題庫和線上學習為主學習完畢

每兩個月一次接受模擬考來分析現況（小五夏天以後）。

由於沒有去補習班，因此會有足夠的時間，盡可能進行田野工作、創作以及自己想做的事情。可以的話就把那些不擅長的科目也先做完基礎學習。

＊小六夏天為了研究考古題和觀察其他考生而上補習班

雖然多少會因志願學校及不擅長科目而有所不同，不過到了夏季晚期就要開始以解答考古題為主。這時候必須要學習寫考古題的技巧、還要幫孩子修改解答等，在家庭裡可能會非常困難，因此就正式去補習班又或者是請專家老師進行個人指導。另外還要每個月考模擬考，讓孩子習慣考試特有的緊張感。

以上就是第二種學習方式。

如前所述，到小六夏天為止的補習班課程，全部都可以用線上學習完成。只要不覺得「不想在家裡做！」那麼在家裡就能夠充分學習、達到可以考試的程度。

因此，基本上來說，補習班是要到小六夏天才需要認真去的地方，在那之前如果覺得「不擅長的科目好像有點危險」的話，那麼重點聘請線上家庭教師應該會是個不錯的辦法。

只需要這半年認真為了考試而用功的話，壓力也不會太大。而先前孩子已經因為自己獲得許多資訊變得相當聰慧，頭腦成為一種海綿狀態，去補習班上課理應也能夠快樂學習才是。如此一來就可以在不勉強孩子的情況下讓他衝刺。

另外為大家計算一下這種方法所需要的補習費用。

＊線上家庭教師（每個月四次，每次一小時的課程）↓一年日幣十五萬元。

＊向職業家庭教師討論學習內容（商量在家學習所用的教材如何選擇、學習計畫、維持動機的方法等）（每個月一兩次）↓一年十二萬日幣（隨時薪變動）。

＊從小六夏天開始上補習班↓半年日幣六十萬元（暑假複習講座、秋天以後志願學校的

入學考試問題演練的週末講座）。

除此之外，應該還會有學習 APP 及書籍金額等費用。雖然這只是非常概略的計算，但我想大家多少心裡能有個底。正確的金額還請向您有意前去的補習班詢問。

線上家庭教師也不一定要每週都上課，也不一定要上同一個科目。可以根據需求再決定需要的科目和單元。

如果向職業家庭教師求教，訂立考試前的學習計畫也會比較容易，因此在小學六年級夏天以前定期向老師諮詢也是個辦法。

小六夏天以後是否平日也去補習班上課，費用金額也會隨之變動，但如果能夠在家學習，應該只需要週末去補習班、並且追加模擬考就夠了。

一般來說小四、小五去大型連鎖補習班的費用大約是一年日幣五十萬左右；小六的花費可能高達一百二十萬以上。從小六夏天才去上補習班所有課程，那麼半年也只需要六十萬左右，費用上能夠大幅削減。當然，也不會因為便宜而導致課程內容品質下降。

這個方法甚至能夠應付私立中學排名中上的學校。話雖如此，對於能夠提升自己能力的孩子，憑現狀就輕鬆滑壘進入學校，對孩子本身來說最為理想。畢竟若好高騖遠，就算好不容易合格了，進入學校以後也會跟不上課業。如果拚了命考進去，結果卻變成吊車尾，那麼接下來的高中及大學升學考試也會成為相當大的障礙。

終點並非國中入學考試的結果，而是考試之後，甚至是成為大人以後也能過著充實的人生。

我認為應該要讓孩子成長以後可以過著沒有壓力的學校生活，將時間花費在探究自己想做的事情上。

為此，首先最重要的就是選擇符合他自己程度的學校。

在家裡盡可能讓孩子依照自己的步調去提升能力，然後將目標定為符合自己程度的學校，這樣只要從小學六年級夏天以後再去補習班就很夠了。

POINT

配合孩子的程度和適應性，可以從小五開始、又或從小六開始

能夠成為指南針的老師

只靠親子自己在家學習很痛苦

先前告訴大家的都是「以國中入學考試為目標」，那麼並不打算特地考升學考試的孩子、或者要針對考試來念書還太早的年幼孩子，是否就應該只靠父母親陪伴孩子用功呢？

如果平常學習的時候，感受到「只有我們自己太勉強了！」那麼就可以一邊使用線上學習，同時向老師商量那些在家裡沒辦法解決的問題。

因此我建議，**要和能夠直接對談的老師簽約**（具體來說如何找到這類老師、是否能夠簽約等事項後述）。

除了請這種老師指導教科內容以外，也可以隨時找他商量在家學習的方法，或者請對方提點應該要如何在家裡學習的重點即可。

換句話說，這種老師就像是為了讓孩子成長而能夠指引孩子正確前進方向，有如指南針一般的老師。

只要身邊有這種老師，那麼應該就能夠解決很多問題了對吧？

請對方綜觀孩子學習的整體樣貌

孩子現在究竟熟練到哪個程度了？光靠父母陪伴他學習，要掌握這種整體樣貌就是最困難的事情之一。

「也沒有馬上就要考試這種目標，到底應該用什麼步調學習？」

「就這樣做下去，真的有意義嗎？要用什麼標準來看待線上學習呢？」

又或者是「對這孩子來說是否以後準備高中升學考試比較好？還是應該要從國中入學考試準備起？」

另外若是父母陪伴孩子學習，真的很容易吵起架來，那樣可就沒辦法用功了。就算是非常用心的嘗試說服孩子，或許他們還是會鬧脾氣說「不想念書了！」

這種時候可以請老師介入雙方之間調停，甚至請老師管理手機或平板的密碼，如此一來也能夠降低父母親精神上的負擔。而且還能夠預防孩子擅改密碼或者打破使用規則。

無論是去補習班或者和個人簽約，總之為了能夠明白今後養兒的通盤方向，如果能夠找到一名可以進行「整理整合」的老師，那就會成為孩子學習最大的助力。

順利的話一個月只需要討論兩次就夠了，價格上也不會太過高昂。

比方說應該要用哪本題庫？一星期大概要以什麼樣的速度來學習，都請老師建議。另外如果不知道該如何念書的時候，也可以詢問老師。

由父母陪同孩子在家學習的話，很容易就太過勉強，但如果能找老師商量，請對方提點應該以哪個科目、單元為優先，就可以確保孩子在不討厭念書的情況下保持學科平衡。

如此一來，讓孩子從小學時期在學習時不過於勉強自己、而能盡量成長，這樣就能夠培養他成為自己努力學習的孩子。

POINT 也可以直接和能夠討論學業的老師簽約

找到好老師的方法

要到哪裡找可以商量課業的老師？

但是那種老師到底要去哪裡才能找得到呢？真的有這麼厲害的人嗎？

沒錯，其實應該有很多。

在大型連鎖補習班當中也有許多對於教學時兼用線上學習相當積極的老師。可以請那些老師在指導孩子不擅長科目的同時，也與對方商量課業進度。不過如果是在連鎖補習班當中，就算好不容易遇到了好老師，也很有可能會因為職位調動等而無法繼續見面，這點要多加留心。

如果是規模比較小的補習班，那麼老師就不會有調到其他地方的問題，也能夠比較彈性應對需求，因此家長應該就能找老師商量進度。可以詢問朋友或熟人有沒有建議，應該就能找到好老師。

另外，也能夠仰賴那些可以進行一對一指導的補習班或者家庭老師。如果是一對一，那麼基本上都是客製化課程。為了重新學習不擅長的科目，可以請對方從前一個學期的課程開始教導；又或者是為了提前準備考試，而希望先學將來的課程，應該都沒有問題。想來也有很多老師可以進行線上教學。

先準備好問題和要討論的事情再去找老師，效率會比較高。

「但我還是找不到老師啊！」若是如此，那就在網路上找吧。

重點是「這位老師撰寫的文章讓我有同感」。

可以看看老師的 SNS 或者部落格，如果覺得「還不錯呢」，就先和孩子討論一下。若是沒有問題，就馬上連絡老師。對方寫的話語如果你能夠有同感，那麼調性相符的可能性就很大。或許孩子自己在搜尋的時候，也可能會找到他想見見的老師。

不要光靠著進入補習班以後由補習班分配哪位老師，請盡可能用這種方法積極去搜尋老師。這樣一來，一定會遇到不錯的人。

POINT

靠朋友或熟人的建議或者搜尋，自己去尋找好老師

與其他家庭連繫

不要孤立

在新型肺炎的停課期間，大多數家庭都相當煩惱孩子的教育問題。但是，我卻沒怎麼聽聞家庭之間有互相聯繫、交換意見的情況。

我認為，在家學習的根本問題其實是「親子孤立」。

但是如今網路如此發達，就算人沒有前往學校，孤立的家庭之間應該還是能夠連繫起來的吧？因此我得到了一個靈感。

沒錯，根本不需要雇用老師，只要孩子是同學，有著相同立場的家庭之間互相聯絡，彼此商量自己與孩子在家學習有什麼煩惱，就能夠打造出孩子的學習環境了。

孩子的好朋友、或者大家的朋友等，請先從這些現實中的關係開始確認。然後也可以到網路上招募成員，建立一個能夠分享孩子教育環境的「母親學校」。

雖然說是要建立社團，但也不是太過困難的事情。只要使用 Facebook、LINE 或者 Slack 馬上就能辦到。

現在大街小巷也流行許多著知名人士的線上沙龍。只要用同樣的架構，由母親們來主導教育現場，就能夠避免線上學習遭到孤立。

針對教育有著相同想法的家庭，透過真實關係或者SNS，打造出一個社群。

比方說甚至可以排班照顧孩子。

如果自己的孩子有不擅長的科目，而其他孩子會這個部分，也可以請那個孩子來教。

找喜歡的老師來一起教所有孩子也是個辦法。如果大家一起請一位老師，那麼每個人負擔的費用也會變得比較便宜。

唉呀，我寫著就覺得真是興奮。如果全日本都能夠在線上成立「母親學校」的話，那麼想必真的只要靠線上學習，就能夠打造出學習環境了呢。

母親學校打造方式

*互相奉獻成立的基本架構

基本上全部都使用免費資源。不過老師的上課費用要平均分攤。

*使用「Facebook 的非公開社團

當成資訊共享的場所。也可以用 LINE 或者 Slack。應該也可以使用 YouTube 的非公開設定來分享影片。

＊在 SNS 上招募成員（須經審查）

＊共享老師

共享能夠信任的老師，這樣就能降低每個家庭需要負擔的費用請來老師指導。

＊學習商談會

彼此共享考試資訊等。視情況也可以讓大家一起和可信任的老師商量。

＊請老師到自家教學

將職業家庭教師請來家裡，把朋友們也找來開讀書會。也可以當成將孩子暫時交給別人的機會。

＊投稿作文

將孩子們寫的作文或作品投稿出來共享給所有人。可以彼此寫評語、讓家庭之間互相提升能力。

＊Zoom 早會

可以企劃一個 Zoom 早會，讓孩子們發表彼此的學習計畫。每星期一舉辦。這樣一來學習習慣就不容易消失。

＊孩子老師讀書會

讓孩子教導其他孩子自己擅長科目的讀書會。

＊田野工作企劃

在網路上企劃田野工作，然後與其他孩子一起外出。

＊線下企劃

偶爾以線下活動為名去露營等。

一起遊玩的體驗增加以後，在線上的溝通也會更加順暢。

以這樣的方法，母親們如果能夠集合彼此的力量，無論社會狀況如何，都能夠提供孩子一個良好的教育。這本書上寫的所有事情，都可以用「母親學校」來實踐，不過這還是需要母親們的力量。畢竟需要找合作夥伴。

但是我相信，能夠培養出願意自主學習孩子的父母親，應該也是有著相當大行動力的人……。彼此幫助、分享負擔、跨越養兒障礙的線上「母親學校」，我認為是相當有一試價值的。

POINT 與其他家庭合作也可以提高線上學習的品質

代替後記

我們不知道每件事情接下去還會發生什麼，但是沒有先開始就不會有接續的事情發生。試著去做、然後修正，再繼續嘗試。世事萬物就是這樣一路「進化」下去的。「線上化」就是這樣產生的流程，因此我們需要的是「馬上去做」的精神。

身為教育環境設定顧問的我所做的，就是讓孩子們的頭腦變好、讓他們的精神狀態良好，並且教導他們快樂而有趣的生活方法。為了這些目標，教育本身應該要做到的就是最大最棒的教育環境設定，也就是「營火」——營火具備的力量在本書當中已經提到過，但大家必須要了解到，營火的效能除了「知性」以外，更加包含了「感性」。而這份「感性」也必須直接連結到「表現」。

為何要寫出這些東西，是由於前田先生其實原本是位電影製作者呢。而且他在一橋大學的研究所中為了提升自己的表現，因此研究電影理論，還寫了修士論文。他在敝事務所中設立了田野工作行程（詳細請參考本書正文），將孩子們帶到大街小巷、美術館，讓他們把體驗寫成文章，然後在網路上共享。

有一次他問我，在營火之後，該做些什麼好呢？

我就隨口回答他：「這不是很好預料的嗎？營火之後當然就是地爐囉。就是在大自然包圍的古民宅環境當中的生活經驗，還有在那裡更加深入的學習體驗啊。」

「行動派男人」實在令人讚嘆，而且他非常有耐性。雖然還是費了好一番功夫，但他終於成功借到東京奧多摩地區的一間古民宅。當然，那裡有個地爐。而且他還 DIY 打造了柴火用的爐子，這已經是五年前的事情了。

在那間古民宅當中，設定了讓孩子對於所有事情都積極面對的理想教育環境，同時也能讓他們將感受到的事情或想到的事情都以文章或繪畫等表現出來，成功實現了「『感性』與『表現』直接連結在一起的能力開發學習」。同時也繼續定期舉辦營火共同住宿。

參加活動的孩子們大家都用電腦寫詩或小說，在營火旁開心聊著彼此的作品構想話題。而我們在幾年前也開始用線上進行這個活動。大家能夠自由的即時交換和發表自己所寫的東西。先前根本做不到這點。而他們的活動也成為一個靈感，使前田能夠將新冠肺炎之禍當成一個轉機，開始對學生進行線上授課。同時也針對效果進行驗證。

學生們平常都生活在清潔且舒適的都會公寓密閉空間當中，對於他們來說，在那有地爐的古民宅當中能夠獲得與日常生活完全相反的生活體驗。白天的眼前是一片森林山景，到了晚上則被黑暗的寂靜包圍。而且還有地爐及火爐，也能用火。這是與都市生活完全相反的環境。

因此我們能夠看見，孩子在這裡足以為自己內心深處的生存精力充電。

在自然環境當中，腦袋也比較容易運作。這並非僅限於教育的世界。據說目前有許多最先端IT企業也採用了相同的手法。他們在大自然間移動，並且在線上工作，將此稱為「露營」。畢竟長期在高樓大廈的辦公室裡對著螢幕工作，壓力實在很大。相反地在自然環境當中一邊吸收創造性能源一邊認真工作，似乎還比較合理。

這對於今後要採用線上學習的孩子們來說，是相當符合他們的需求。線上學習這種系統工具，有著前所未見的高效率。然而另一方面，如果接觸手機或者電腦的時間太多，那麼又有著線下實際經驗不足的危險性。而自然環境正是「線下」的極致。越是熟悉線上活動，那麼接觸大自然環境就更加不可或缺。

我們先前已經靠著營火的力量，讓許多沉溺遊戲的孩子恢復精神狀態。在孩子的大腦沉浸於數位資料以前，就要帶他們到戶外，我認為這是父母親的工作。因此目前父母親必須給孩子的教育環境設定當中，最重要的就是在開啟線上學習道路的同時，給予孩子充分自然體驗的機會。我重新確認這件事情以後，希望這建議能夠對這本書的讀者父母有所幫助，因此把這些事情當成「後記」。

另外最後我一定要說，我必須打從心底將感謝獻給那把留有一家人回憶的重要宅子爽快借給我們作為教育活動場地，同時也成為這本書契機的房東清水夫婦。

令和二年　晚秋　松永暢史

memo

ONLINE LEARNING

線上高效讀書法

提高孩子學習意願的活用術

線上高效讀書法：提高孩子學習意願的活用術/前田大介, 松永暢史著；
黃詩婷譯. -- 初版. -- 臺北市：笛藤, 2023.01
面；　公分
ISBN 978-957-710-882-1(平裝)
1.CST: 數位學習 2.CST: 讀書法
521.539　　　　111021421

2023年1月31日　初版第一刷　定價320元

作　　者	前田大介、松永暢史
譯　　者	黃詩婷
總 編 輯	洪季楨
美術編輯	王舒玗
編輯企劃	笛藤出版
發 行 所	八方出版股份有限公司
發 行 人	林建仲
地　　址	台北市中山區長安東路二段171號3樓3室
電　　話	(02) 2777-3682
傳　　真	(02) 2777-3672
總 經 銷	聯合發行股份有限公司
地　　址	新北市新店區寶橋路235巷6弄6號2樓
電　　話	(02)2917-8022(02)2917-8042
製 版 廠	造極彩色印刷製版股份有限公司
地　　址	新北市中和區中山路二段380巷7號1樓
電　　話	(02)2240-0333(02)2248-3904
郵撥帳戶	八方出版股份有限公司
郵撥帳號	19809050